全国小学生校园美文精品集萃丛书

七色阳光 小少年

幸会，再见

《语文报》编写组 编

时代文艺出版社

图书在版编目（CIP）数据

幸会，再见 /《语文报》编写组编. —长春：时代文艺出版社，2018.8（2023.6重印）
（"七色阳光小少年"全国小学生校园美文精品集萃丛书）
ISBN 978-7-5387-5806-1

Ⅰ.①幸… Ⅱ.①语… Ⅲ.①作文－小学－选集 Ⅳ.①H194.4

中国版本图书馆CIP数据核字（2018）第107865号

出 品 人　陈　琛
产品总监　郭力家
责任编辑　王　峰
装帧设计　孙　利
排版制作　隋淑凤

本书著作权、版式和装帧设计受国际版权公约和中华人民共和国著作权法保护
本书所有文字、图片和示意图等专有使用权为时代文艺出版社所有
未事先获得时代文艺出版社许可
本书的任何部分不得以图表、电子、影印、缩拍、录音和其他任何手段
进行复制和转载，违者必究

幸会，再见

《语文报》编写组 编

出版发行/时代文艺出版社
地址/长春市福祉大路5788号　龙腾国际大厦A座15层　邮编/130118
总编办/0431-81629751　发行部/0431-81629758
官方微博/weibo.com / tlapress
印刷/北京一鑫印务有限责任公司
开本/700mm×980mm　1/16　字数/153千字　印张/11
版次/2018年8月第1版　印次/2023年6月第5次印刷　定价/34.80元

图书如有印装错误　请寄回印厂调换

编委会

主　　编：刘应伦

编　　委：刘应伦　赵　静　李音霞
　　　　　郭　斐　刘瑞霞　王素红
　　　　　金星闪　周　起　华晓隽
　　　　　何发祥　朱晓东　陈　颖
　　　　　段岩霞　刘学强

本册主编：陈　颖

目 录

巴黎桥的灿烂

授之以鱼，不如授之以渔 ……… 潘庭右 / 002

解惑 ……… 江姗妮 / 003

我错过的 ……… 陈元欣 / 005

小事不小 ……… 陈安淇 / 007

是谁总是站着 ……… 游力棠 / 008

严慈相济的徐老 ……… 薛瞻阳 / 009

难忘我的启蒙老师 ……… 王德炜 / 011

你是我的眼 ……… 周骁宇 / 012

巴黎桥的灿烂 ……… 黄子茜 / 013

春游中最震撼的表演 ……… 陈　欣 / 016

美丽的邂逅 ……… 吴宗凌 / 018

行走海滩时 ……… 李斯予 / 019

以微笑迎接离别 ……… 吴嘉琪 / 021

致永远的母校 ……… 林奕昕 / 023

我爱校园的炮仗花 ……… 黄橙子 / 024

此岸现实彼案梦想 ……… 王　悦 / 025

我的自画像 ……… 刘佳艺 / 027

这就是我 ……… 黄若珊 / 028

这年，我十一岁 ……… 徐　帆 / 030

假如没有规矩 ……… 黄雨诗 / 032

班级风波 ……… 陈喆昊 / 033

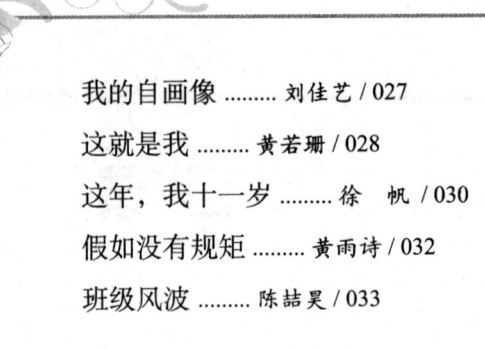

满天星，染了谁的瞳

课间职责 ……… 陈元欣 / 036

那些关于雪精灵的记忆 ……… 刘韫彰 / 037

满天星，染了谁的瞳 ……… 郑　易 / 039

让我牵着你的手 ……… 林舒晴 / 040

风的四季 ……… 黄　潇 / 042

道一声"早安" ……… 严高阳 / 043

书山有路，学海无涯 ……… 郭雨涵 / 045

闻过则喜 ……… 康佳烨 / 046

我的梦在变小 ……… 洪望皓 / 047

木兰溪情愫 ……… 阮思琪 / 048

问渠那得清如许 ……… 于文扬 / 050

魅力福州 ……… 沈子博 / 052

今昔"中洲岛" ……… 肖裕昕 / 054

人体手风琴 ……… 黄馨颖 / 056

功夫不负有心人 ……… 林轩旸 / 058

窃唱记 ……… 许琳煊 / 059

别怕，再向前迈一步 ……… 陈芷璐 / 061

我们班的流行风 ……… 黄雨诗 / 062

做饭趣谈 ……… 林　珺 / 064

放烟花乐趣多 ……… 郑思凡 / 065

欢乐的周末 ……… 杨思琦 / 067

最美的行囊

好爸爸 ……… 林仔萁 / 070

我闻到了橙子的味道 ……… 戴张洁 / 071

感谢那个为我提灯的人 ……… 敖钰婷 / 073

父亲的另一面 ……… 黄言韬 / 074

一片叶子 ……… 吴优 / 076

菊颂 ……… 康佳烨 / 078

是谁造就了强者的美？ ……… 陈　瑾 / 080

秋天的第一场雨 ……… 吴若萱 / 081

指尖的发 ……… 柯嘉欣 / 083

豆腐 ……… 蓝子涵 / 084

蝉·外婆·生活 ……… 吴嘉琪 / 086

从未走远 ……… 赵弈茗 / 088

烙在我心上的背影 ……… 林静悠 / 090

不忘 ……… 高羚晋 / 091

三坊七巷的粘工艺人 ……… 陈悦越 / 093

旅游路上见精神 ……… 杨宇腾 / 095

你是我的太阳 ……… 陈若言 / 096

最美的行囊 ……… 陈厚霖 / 098

"百变"妈妈 ……… 郑博予 / 100

妈妈，请您看我一眼 ……… 危诗妍 / 101

错误是"错"还是"误"

贪吃的小仓鼠 ……… 黄猷蕾 / 104

亲亲我的小可爱 ……… 郭伟萍 / 105

调皮的大公鸡 ……… 林圣源 / 106

两只鹦鹉 ……… 陈思芃 / 107

迟到 ……… 陈冠戎 / 109

意想不到的时候 ……… 危以信 / 110

拔掉心中的那根刺 ……… 钟敏婧 / 112

被冤枉之痛 ……… 管思宁 / 113

悄悄的鼓励 ……… 罗 薇 / 114

幸福,就是有你在身边 ……… 陈 怡 / 116

叫我如何不想她 ……… 黄子涵 / 118

你是我最牵挂的人 ……… 林珈羽 / 119

卖书 ……… 唐晓娴 / 121

书香四溢 ……… 林舒晴 / 123

雨·书 ……… 黄子茜 / 124

异乡思绪 ……… 钟心悦 / 126

不错过那次南飞 ……… 林子锋 / 127

我是一只蟑螂 ……… 何佳亿 / 129

鸭妈妈的城市行 ……… 林夏天 / 130

八十二难 ……… 郭铠宁 / 131

最美的时光有你们

永久的粉笔字 ……… 管思宁 / 134

竞选之美 .... 张景尧 / 136

最美的时光有你们 .... 林罗谚姿 / 137

特别的午餐 .... 林涵敏 / 138

我们的故事 .... 谢昕翰 / 140

青春无悔 .... 王琰璇 / 142

青春在，梦就在 .... 蔡 鑫 / 144

我向往这样一所中学 .... 黄若珊 / 145

那一次，我读懂了孝道 .... 敖钰婷 / 147

我长大了，父母变了 .... 杨博伦 / 149

我们是一家人 .... 陆思远 / 150

记忆中的那颗星 .... 黄夕瑶 / 152

美丽的日出 .... 黄权耀 / 153

家乡的秋 .... 林声悦 / 155

桃花仙谷 .... 罗 敏 / 156

我爱家乡的肉燕 .... 高澜菲 / 157

焦点 .... 陈含烁 / 158

窗外 .... 林家齐 / 159

一抹淡淡的微笑 .... 廖雪瑶 / 161

神通广大的"钱大大" .... 许琳煊 / 162

守 .... 牛 露 / 163

巴黎桥的灿烂

　　巴黎的桥是看待巴黎的另一种方式，它带着我们感受历史，遇见新旧的碰撞，体验艺术的新视觉，也带着我触摸这个城市几百年以来的心跳与呼吸……就让巴黎那绚丽的文化在塞纳河上的十几座桥上奔跑吧！

授之以鱼，不如授之以渔

潘庭右

"嘟嘟，嘟嘟……"

"妈妈，快开窗，又是那个小弟弟！"

车窗慢慢地摇下，我的眼前出现了一张清秀的小脸，灵活的大眼睛，干裂的双唇，两颊因风吹日晒发红龟裂，额头和下巴上横着两道黑黑的泥巴印，打满补丁的衣裤松松垮垮地套在身上，让他瘦小的身板更显瘦弱，我趴在车窗上，抚了抚手中的五元钱，轻轻地放入男孩儿手里的搪瓷碗里。小男孩儿说了声"谢谢"，声音细若蚊蝇。

回家的路上，我的心里酸酸胀胀的有些难过："妈妈，我可不可以把每个月的五元零花钱都给那个小男孩儿？"妈妈把车停靠在路边，坐到我的身旁说："你肯友善地帮助别人，真棒！可是有句话你知道吗？授之以鱼不如授之以渔。帮助一个人，如果只是给他鱼，不如教会他捕鱼的方法，因为鱼总有吃完的时候，学会捕鱼就有吃不完的鱼。"

"可是我也不会捕鱼啊！"

"捕鱼只是打个比方，知识改变命运，你可以想想怎么帮他学习知识，改变命运呀。"

我似懂非懂地点点头，开始努力思考妈妈的话。

晚上当我拿起书本准备阅读时，"我想到了！"我兴奋地欢呼，"妈妈，我想到了，我小时候看的书是不是都在那个大纸箱里？我想把它们都送给小男孩儿，这些好看有趣的书一定会让他爱上阅读，就像我一样。从书本里他就可以学到无穷的知识和本领了！"妈妈赞许地看着我，重重地点了点头。

夜深了，在我甜美的梦里，我看见小男孩儿正坐在阳光下，如饥似渴地看着手里的书，在知识的海洋里遨游。

授之以鱼，不如授之以渔，让我们打开一扇窗，用手中的"渔"捕获更多的"鱼"！

解　　惑

江姗妮

我不由得停住了脚步，在曾经居住过的地方。

眼前，两个大约四五岁的小小孩儿，正无忧无虑地玩耍着。他们清脆的笑声让我的思绪飘向了远方，那段曾经坚不可摧的友谊……

或许有两年光景吧，那时，每天傍晚和小雪下楼玩滑板车可是少不了的。我们一人一辆，在渐浓稠的夜色中你追我赶，心中便升腾起一股奇妙的开心。那样简单、幼稚的游戏，那样小的小区，却给我们带来了无尽的欢声笑语。直到天色渐暗，我们才会在大人们的催促下依依不舍地回家。

好景不长，随着时间的推移，我们升入了小学，去了不同班。

幸会，再见

随着一级级上升，学业越来越重。虽然，小雪的家只需一抬眼就可看到，但我和小雪，已经不复从前那样形影不离了。可，我却逐渐疑惑了："我究竟该不该选择淡出这段友谊呢？"

我们之间几乎再没有联系，而我开始埋头于繁重的学业中。每天的作业是不可缺的"必修课"，除此之外，还有很多课外的作业等着我。为的是什么？不过希望能在学习生活中取得好成绩，赢得老师的赞赏罢了。

小雪刚开始可能还不死心，周末时来找过我，希望我能和她聊会儿天、跑会儿步；但无一例外地，我都以"作业太多了，还是改天吧"的借口回绝；她也给我来过几次电话，但我也只敷衍几句简短得不能再简短的话语，不留情地挂断电话。望着小雪失望的背影消失在夜色中，心中的疑惑逐渐在扩散："选择淡出这段友谊，究竟对不对呢？"

没有人为我解答疑惑。我如一只飘摇不定的小船，在学习和友谊之间飘摇不定。

结束了期中考，考得还不错的我终于有机会得以喘息。我想起了小雪，和那段破败不堪的友谊。为此，我向母亲述说了我的疑惑。听完我的话语，母亲微微笑着，领我走到窗边，"你呀，太注重功利了。小雪为这段友谊付出了那么多，而你却为学习、为功利而束缚，无暇顾及小雪和友谊。所以，你可以去找小雪聊会儿天，尝试着拾起被你忽视了这么久的友谊。"

那一刻，我释然了。妈妈为我解惑，让我明白了许多许多：太专注于功利的同时，一定会有东西被忽视掉的，我要尝试去拾起这段友谊。唇角勾起一抹笑，我冲向小雪的家。按响门铃，小雪熟悉的脸探了出来，见了我，脸上的笑容便逐渐漾开："哪阵风把你吹来了？"

我看着她，发自内心地说道："对不起，这么久以来是我忽视你太多。现在，我解开了心中的疑惑，可以再接纳我一次吗？"

我错过的

陈元欣

勇气，是一股勇往直前的力量。然而，这股力量一定要靠着顽强拼搏的精神，和永不放弃的坚定信念才能取得成功。

此刻一段往事浮现在我眼前，那是一份懊悔，写满了成长路上的惆怅，那就是我曾经的退却，因着没有坚守，因着没有坚持，所以我和成功失之交臂。

记得今年暑假时，学校田径队正选拔运动员。我和班上的刘悦、刘畅商量好一起去报了名，经过一番比赛后，我们三人都通过了考核，顺利进入了校田径队。整个下午我的心情都无比激动，仿佛脚下踩了一朵幸福的云，逢人我就大声宣告：我成为校田径队的队员啦！

刚开始的训练不算辛苦，但是从离校很远的金山一早到校锻炼，很需要毅力，我克服了第一道难关，坚持了下来。

今年九月开学后，为了备战十一月份的区运动会，学校早晨训练的地点移到了大体育场。训练的强度慢慢地加大了，经常会进行一些比赛，记得有一次400米跑步比赛时，100米，200米，300米，在最后冲刺时，我已累得气喘吁吁，步伐越来越缓慢，我有点坚持不住了。"还有50米，快！快！快！"老师在一旁呐喊着，身边的队员也在为我齐声呐喊助威，此时我头上的汗珠像断了线的珠子一样滑落下来，向前冲！向前冲！我的心似乎在终点处召唤我，召唤我冲刺！我感到我的全身立刻充满了劲儿，咬紧牙关，使出吃奶的力气，奋力向前冲，五、四、三、二、一，我冲过了终点线。"陈元欣，1分29秒，第一名，不错，不错，继续努力。"老师表扬了我。我打心里高兴，我终于又战胜了我自己！此后的训练中我也一次次战胜了自己。

准备报名区田径比赛了，老师跟我说："元欣，老师决定让你报名800米和1500米。主要是之前训练的综合项目——跳远和垒球，你的发挥很不稳定。"老师的话掷地有声，不容辩解。听到这个消息，我的泪水溢满眼眶，心情仿佛跌入了万丈深渊。这不仅意味着我以前练习的跳远和垒球全白练了，而且还必须和同学们分开，单独训练，虽然这两个项目是我的薄弱点，但我已经很努力完善自己了。一方面我的体力也告诉我，我坚持不了800米和1500米。我无法接受学校安排的项目，于是下定决心退出了。

刚退出的那几天，我觉得好轻松，好快乐，不受体训队的任何约束，还可以舒舒服服地睡个懒觉。可是，日子久了，每每看到夕阳下，队员们集中在学校的操场，往返跑、爬楼梯、练耐力的身影，我的心里不免有些惆怅。

过了三周，田径比赛开始了，校田径队的运动员们在体育老师的带领下，斗志昂扬，奋力拼搏，获得了许多佳绩，为学校争得荣誉。队员们无比荣光地站上了领奖台，接受老师同学们的祝贺，我开始后悔了，如果当初自己再坚持一下，至少还能参与这个比赛，为我的努力交一份答卷，可如今……我为我当初的草率而后悔，为当初的没有坚持而遗憾，没有坚持，没有努力，哪来成功？

这件事深深地印刻在我的心中，我错过了成功，我又何止错过了成功！从那以后，我时刻警醒自己：决定要做一件事，就要有坚定的信念，不管前面的路有多难，都要坚持下去！成功源于坚持！

小事不小

陈安淇

乌云布满了天，晴天霹雳，台风滚滚袭来，雨丝密密地交汇在一起，坐公交车的人也就更多了。

大家都紧紧地挨着，显眼的告示牌写着："如果您需要，请自取，每次不超过五个，如果有多余，请奉献您的爱心。"大家看见这新奇的场面，纷纷举起手机，拍照上传朋友圈。

放这箱硬币的人，大概是希望这些硬币能够帮到那些急需的人：让没有零钱的人能拿着硬币去坐公交或地铁，让忙得不可开交的环卫工，能拿着硬币去买一瓶水喝，让那些受尽了折磨的乞丐，拿着硬币去吃一个包子……

不会被人偷拿吗？我心中带着疑问，凝望着昏黄的路灯。

我总觉得也许会有一个人偷偷摸摸抱走了满满的硬币，或者一些人趁别人不注意，顺手牵羊，还为自己的行为暗暗自喜。真的会是这样吗？我带着疑问边等着公交车，边观察着。

可是，没有人来拿硬币，可能是不需要吧！

雨越下越大，纸箱外面的一层皮，缓缓地退了下去。纸箱湿透了，一个个硬币从漏缝中滑落。这时候，一个好心的叔叔悄悄举起伞，为这个已经有些"垮"的纸箱遮雨，把自己的公文包露在了外面。就这样，一辆车一辆车都走了，却没有人来拿硬币，大家依旧只是拍拍照罢了。

突然，一个穿格子衬衫的姐姐走过来了，她把伞架在椅子上，雨水滴落在她的背上，她用手中的十元钱，换走了十枚硬币，把钱自己压好。这是这个纸箱的第一次交易。她的行为好像带动了大家。紧接着，一个阿姨从包里掏出了几个硬币，轻轻地放在纸箱上奉献给了需要帮助的人，还细心地整理了一下周边散落的硬币。就这样陆陆续续的，纸箱里塞了满满的硬币……

我摸了摸口袋中的两元钱，犹豫着，犹豫着，迈出左脚，又迈回右脚……这是个骗局吗？望着大家都奉献出自己的爱心，又想到之前自己想到的画面，不觉红了脸，悄悄投进了一枚硬币……

大家把这份温暖留给最需要帮助的人。纸箱里的硬币没有少，反而多了起来。这件小小的事，人们那些小小的动作，都反映出许多道理，那些小小的举动，却点亮了这个小小的城市！

是谁总是站着

游力棠

我们都坐着，老师，您却站着。看见您，我们就看见了秋天的收获；看见您，我们就看见了奉献的甜蜜；看见您，我们就看见了人生的希望！

老师，您站着。站成一尊最壮丽、最神圣的雕塑。宽敞的教室里，整整齐齐排列着的全是学生的位置。老师，您的位置呢？您的位置在哪儿呢？是没有吗？还是教室的空间不够大？还是建造者忽略了您位置的存在？不，老师，您不是没有位置，只是您的位置与众不同，您的位置在我们渴求的目光里，在我们激情燃烧的内心里，在我们永恒的记忆里，显得那么高大、那么磅礴、那么不可磨灭……

您总是这样默默无闻地站着。黎明的第一缕阳光刚刚照进教室，您就已经站在教室门口，带领我们一起迈进知识的殿堂；放学时，您总是站在校门口，目送我们渐渐消失在远方……每天您总是这样站着，您已把四十分钟站成了一年、十年、一辈子……好像"站"就成了您一生最重要的任务，最神圣的工作，"站"已经让您忘记了腰的酸，背的痛，脚的麻……也许您早已疲倦、困乏，也许您早已想坐下来好好休息一会儿，但是，您没有，您仍然像松柏一样挺拔，像白杨一样伟岸，像一尊永不倒掉的雕像，站成了一道永恒的风景！

也许有一天，当您再也不能站在讲台上对我们微笑时，我相信那时的我们都已经站起来了，站成一排排坚韧不拔的大树，站成一条条翻山越岭的绿荫大道。而您，将永远站在我们的心中！

在上课的时候，老师，您总是在站着，而后，在您的身后，我们也将站成另一道风景！

严慈相济的徐老

薛瞻阳

徐老，鼻梁上顶着一架红框眼镜，眼睛里透出严厉的光。可，徐老也有慈爱的一面哟！

　　刚遇到徐老师的时候，我便敏锐地捕捉到了空气中弥漫的火药味，这才私下称徐老师为"徐老"。唉！这学期一不小心就要吃"竹笋炒肉"喽！

　　今天的第二节又是枯燥的数学课，我紧绷着神经，生怕漏掉了一个字，到了写练习的时间，我提起笔，"唰唰"地就往下写。咦？今天的练习题怎么这么简单，竟没有"拦路虎"？不大一会儿，我就完成了看似简单的练习，大步流星地把本子交给了徐老。

　　随后，回到了自己的座位上，我的双眼紧盯着徐老的红笔，看着徐老仔仔细细地审阅完毕后，才在本子上打了一个耀眼红勾。但，百密终有一疏。看到最后一题的时候，徐老紧皱眉头，手中的红笔顺势画了个叉。啊，完蛋啦！我在心里大声地呐喊着。果不其然，"瞻阳！"一声喝令将我与我的宝贝强迫分离了，"要换成千米的单位啊！"徐老严厉地解释给我听。"啊？这也算错？题目里明明没说。"我在心里恶狠狠地说着。瞧，这就是"严版"徐老，严到极点。

　　看完了徐老的"严版"，再来看看"慈版"吧。

　　周三中午，我和其他两个同学留下来出黑板报。吃完中午饭，天空刮起了凉丝丝的风，怪凉的。我吸了一下鼻子，继续画着。就在黑板报即将大功告成的时候，徐老满面春风地走进教室，笑着并略带着急地对我说："瞻阳，快去保安室拿你爸给你送的外套！别冻感冒了！"我立即跑出教室，奔向保安室。风儿与我擦肩而过，是凉丝丝的，哦不，是温暖的。在那一瞬间我忽然觉得往日"严版"的徐老放下了严苛的面孔，变得慈祥起来。拿来外套，我奔向教室。此时的徐老早已手拿果冻，递给了我一个，说是给我们解渴的。我剥开外壳，将果冻放入嘴里，一股凉爽的感觉直入心间。后来回到家中才知道，原来，徐老一接到老爸的电话就赶到教室，一下子，我对徐老的"仇恨"少了许多。

徐老的"严版"如包青天,然而"慈版"如和蔼奶奶。真希望,徐老一直这么温柔下去啊。

难忘我的启蒙老师

王德炜

有一位老师,扶着我跌跌撞撞地走懵懵懂懂的人生道路,孜孜不倦地为我撒下知识的种子,期待种子发芽,绽放。

她就是我一年级的语文老师——黄老师。

那时我是一名插班生,第一个班主任是她,她给予我许多鼓励和快乐。刚上课时,我很胆怯,不敢举手,直到老师叫我发言,我才慢慢吞吞地站起来,看着四十几双眼睛望着我,我低着头,一时忘记要说的话,只是吞吞吐吐小声说着。她一直看着我,没说一句话,这双眼睛充满了鼓励和期盼,在纠结许久后终于鼓起勇气把答案说了出来,"多么精彩啊!"她拍起了手赞许道,这是我第一次发言。在她的鼓励下,我每天积极发言,她总是用欣慰的眼神看着我。

黄老师不只关心我们的学习,还关心我们的生活,冬天时让我们把窗户打开透气,夏天让我们不要脱衣服免得着凉,还会说明天的天气怎么样,叮嘱我们要多穿衣服或带雨伞……每次想起,心中总会暖暖的,许久未散。

最重要的是,黄老师不偏心,不管成绩好坏,不分男生女生,她都平等对待,班上也不分好生差生,也不只重视一些同学,成绩差的会留下来单独辅导，一起学习。每逢考试，不单单只是考得好的有奖励，有进步的也有。在这个班级里，处处洋溢着自信和快乐的气氛。

时间匆匆，相处了短短三年黄老师就被调去别的班，当时我的心情很沉重，有说不出的滋味。虽然在以后的学习生活中我也遇到了很多好老师，但黄老师的身影始终在我心中，无法抹去……

你是我的眼

周骁宇

"你现在听懂了吗？"林老师严厉的目光扫过来，惊醒了我。我睡眼惺忪地抬起头，不自然地点了点头。

"那你来给我讲一遍吧！"林老师站到一旁，目光朝向我。

我忐忑不安地起了身，头脑里还是一团"剪不断、理还乱"的乱麻。明察秋毫的林老师早已看穿了我，严肃地说："下课后再来找我。"

提心吊胆地等到下课，我找到林老师。他拿出课上的题目，在上面随意画了几笔，然后递给我。我条件反射般地害怕，慌张、躲闪全部集中在我那双焦灼的眼眸中，但瞥见林老师坚定的目光，我又不得不专注于当下的题目。我惊讶地发现，老师刚刚画的寥寥几笔竟都是解题的关键。我一下就找到"金钥匙"，迅速地写下答案，小心地递给老师。

"嗯，没错。你看，只要把关键词找出来，解题的速度与准确度都会大大提高！"他拿出一支笔，开始认真仔细给我讲解。

他那满是皱纹的手指着一个个关键词，一步步给我分析。随着时间的流逝，空调屋内的林老师后背竟然湿了一小块。老旧的眼镜后，一双教育工作者的眼仍然炯炯有神，那里透出的谨慎思维似乎可以帮我找到关键、解出难题。林老师，你是我的眼，带着我领略神奇的英语世界。

林老师结束了他的讲解，我赶忙感谢他，并准备收拾课本。这时，背后传来老师沉稳的声音，"其实，你的英语基础是比较扎实的，但做题时一定要细心，以后有什么不懂的题要学会来问老师，这样才会有进步！"老师说完，转过身来，扶了扶眼镜。他眼中认可的目光，饱经沧桑的脸上淡淡的微笑，给予我最大的鼓励，让我如沐春风！林老师，你是我的眼，带着我发现自己的优点！

从那以后，我信心倍增，遇到类似的英语题再也不害怕，运用林老师的方法解决一个又一个的难题。

林老师，你是我的眼，帮助我看清学习之路，让茫然无知的我渐行渐远！

"桃之夭夭，灼灼其华……"我和老师一起读着，稚嫩的童声和柔美的女声混合在一起，像是泉水叮咚，又像是溪水跳跃，清脆无比。

巴黎桥的灿烂

黄子茜

俗话说："水是城市的灵魂。"巴黎的塞纳河给我留下的记忆也正是如此。碧绿的河水映衬着巴黎碧蓝的天，像绸缎一般绵延，时而水面平缓，时而水波荡漾。塞纳河如同一位智者，穿过大街小巷，含笑望着浪漫的巴黎。而让塞纳河变得文质彬彬的正是那形态各异的桥。跟随我的记忆，拜访这三座我最喜欢的桥吧！

新桥的古朴

木黄色带着点杂色的大理石写满沧桑，古朴的桥倒映在湖面上，让这座巴黎最古老的"新"桥显得更加端庄、朴素。我站在新桥的前面，它显得是那样宽大，中间是崭新的柏油马路，两旁人行道平坦，带有历史的凝重感。

我轻轻靠在矮矮的扶手上，望着塞纳河水缓缓从脚下流过，思绪回到了五百多年前。那时，它的确是座闪闪发光的桥。当时光流逝，那些比它更古老的桥都不复存在时，它的故事仍在延续。可以诉说新教与天主教的斗争，可以追溯亨利四世改革的开放，也可以上演着《新桥恋人》……爱情与信仰都曾经纠缠在这里，更多的逸事却已经失散在历史的缝隙中再不可寻。

新桥，它是巴黎最古朴的桥，它是历史的见证者。

卢卡索桥的相连

作为一座重要的交通桥，它没有过多的装饰。只是当夕阳将最后一抹余晖洒向拱桥，桥金光闪闪，两边女神的雕塑更加栩栩如生，你不得不为它的美丽所倾倒。

然而最重要的是它的"相连"，它连接的是三大博物馆中最出名的两个——奥赛博物馆和罗浮宫。想象一下吧，当四大文明古国那还带着尘土的陶泥遇见文艺复兴的豪放会是什么样？当宗教不苟言笑的画作碰上裸体的奥林匹亚会是什么样？

从古代文明智慧到近代印象派的光影，就这样在卡卢索桥上相遇碰撞。

艺术桥的优雅

墨绿色的纤细钢架支撑着，杉木板踩上去"嘎吱"作响。这座桥安静而优雅，没有太多的行人，更无喧闹的游客。清晨，坐在桥的中央，小口啜饮咖啡，看看正在桥上拍摄的电影，欣赏常在桥上办的艺术展，清凉的晨风拂在脸上，只觉充满了艺术格调。

晚上，当其他地方正喧闹着，艺术桥则优雅地退到一旁。有一个夜晚，我就靠在栏杆上，望着远处的游船缓缓驶来，从脚下轻轻划过，灯火投过木板的缝隙，闪烁着，就如同站在无边的夜空之上，忍不住为之叹息。

它是如此清新、雅致，带着浓郁的艺术味儿，如同一位超凡脱俗的少女，屹立在街头。

忆巴黎，巴黎的桥是看待巴黎的另一种方式，它带着我们感受历史，遇见新旧的碰撞，体验艺术的新视觉，也带着我触摸这个城市几百年以来的心跳与呼吸……就让巴黎那绚丽的文化在塞纳河上的十几座桥上奔跑吧！

春游中最震撼的表演

陈　欣

你们可曾见过哪种影片观赏时整个影厅会振动？

你们可曾见过哪种影片里面的人物会走出来，在我们身边飘荡？

你们可曾见过哪种影片的感触如此活灵活现？

这是个万里无云的大晴天，我们怀着激动与期待踏上了最后一次的旅程。在一路上，风景优美，桃红柳绿，我们一路上欢声笑语，不知不觉中抵达了春游的目的地——厦门科技馆。

刚走进大门，我便被里面那富丽堂皇的景象给迷住了：璀璨的华光，绚丽多彩；墙壁上是一个个小方格子，错落有致，一个紧挨着一个，里面还有一些图画与小常识；周围游人如织，一个个赞叹不已，却丝毫不影响秩序的井然。这时导游姐姐温柔的呼唤，将我们从这些新奇的玩意儿中唤醒过来。接着，导游姐姐领着我们到了一个地方排队。我抬头向前望了一下，只有四个大字"4D影院"，我反复念叨着这个名字，在脑海中翻找，就是想不起来。

时间在我着急的等待中一点一点流逝……

当我们进入影厅时，不同于外面的流光溢彩，这里显得若明若暗，正是这神秘的气氛勾起了我们的兴趣，我们迫不及待地坐下。不一会儿，场内座无虚席，原本寂静的影厅溢满了不绝于耳的惊叹声。

这时，面前那块大屏幕闪烁着亮光，人们不约而同地安静下来，场里鸦雀无声，所有人都屏住呼吸。我也紧张地握紧拳头，按工作人员的要求，戴上椅子上那其貌不扬的黄色眼镜，耳边仿佛能听见人们急促不安的心跳声。

　　这时，屏幕的亮光一闪，我吓得闭上了眼睛。再睁眼时，我仿佛置身于一个原始森林，松杉葱郁，鸟语花香，一条条藤蔓缠绕在树枝间，我震撼地捂住嘴巴，难以置信地看着面前的一切。正当我们沉浸在这美不胜收的景色之中，两团黑乎乎还拖着尾巴正悬浮的东西不知从哪儿冒出来。它们转过身来，全场发出一阵抽气声。这简直是令人难以接受，完全扭曲看不出形状的身形拖着那长长的尾巴正摆动着。它一点一点地向我们逼近，令我忍不住向后靠，却只碰到冰冷的影子。它们那黑乎乎的面容终于暴露在我们的视野里。哦！那是一张多么诡异的面容啊！一双血红色的大眼睛如同拳头大小，里面似闪烁着两簇灼人的火焰，下一秒就要将你开膛破肚，一张大嘴巴如同一个无尽黑洞深不见底。这时我的耳边传来一阵震耳欲聋的尖叫声，我闭上眼睛，差点没晕过去，真是太惊险了。原本鸦雀无声的影厅差点被我们的尖叫声给掀翻了屋顶。重新睁开眼睛，我望着眼前那怪物身后密密麻麻的正在蠕动的触手，内心不停地祈祷：不要过来，救命啊！仿佛是我的祈祷应验了。场景转变到了另外两只不知名的恐龙上场。我们却还一副劫后余生的模样……

　　现在回想起来，我还对那怪物的长相心有余悸。现在4D技术真是先进，每个镜头都可以拍得那么逼真！演出结束了，我还一直沉浸在那影片的情节中。

美丽的邂逅

吴宗凌

拂面的微风，夹带着海水淡淡的咸味，我静静地坐在暖暖的礁石上，心中充溢着无尽的满足，因为那美丽的邂逅……

6月26日，我参加了登协组织的"玩转海南"夏令营。在那里，我邂逅了可爱的它们——海底精灵。

我们在欢呼声中坐上轻盈的绿色渔船，向美丽的大洲岛驶去。

船刚刚靠岸，我们早已按捺不住兴奋的心情，接二连三地跳下海。清凉的海水瞬间浸透了衣裳，裹满了全身。

"好漂亮，早听说这儿了，没想到如此美丽！"

"嗯，而且散发着光泽，着实引人注目！"

五颜六色的珊瑚布满了整片海洋，绚丽多彩。形状各异的珊瑚，如同分枝的鹿角，如同神奇的大脑，如同凹凸不平的小山峰，如同尖锐嘹亮的号角……巨大的礁石沉在海底，在阳光的照射下，黝黑的表面显得美丽动人，散发着与众不同的光彩。

我在海底穿梭着，鱼群从我身边游过。小小的斑点鱼宛如街道上来来往往的人们，个个身手敏捷，自由地环绕在珊瑚礁边。礁石上的点点小洞，成为鱼儿们玩耍的圣地。鱼儿们从洞口游入，从另一洞口游出，来来回回，不停游弋在小型的迷宫中，尽情地玩耍，乐在其中。

我跟随着鱼群，偶然间发现，几个海螺附着在礁石上，我轻轻蹬脚，伸出小手，拨下海螺。圈圈花纹，虽弯弯曲曲，毫无规律，却若春蚕吐出的银白细丝，包裹在海螺上，这种自然的美，令人心情舒畅。

　　我将海螺放在手心，轻轻地捂住，迫不及待地朝伙伴们游去。突然，我的手心好像被人紧紧抓住，心里一惊，急忙浮出水面。原来是八只黑色、细小、脚端略带金黄绒毛的小脚伸出螺外，轻轻地挠着我的手心，好像在试探些什么。我害怕极了，用力一甩，海螺飞出手心，掉入水中。

　　"为什么会这样呢？"我不解地拍了拍手。

　　"那是寄居蟹，一种寄居在海螺中的螃蟹。"一位和蔼可亲的老渔民朝我微微一笑，"蜗牛用自己的壳作房子，乌龟用硬邦邦的龟甲作房子，而海螺就是寄居蟹的房子，它时常驮着家，在礁石上到处乱逛呢！"

　　我恍然大悟，赶紧拿起照相机，拍下那珍贵的瞬间。

　　美丽的珊瑚、快乐的鱼群、种类繁多的海螺、可爱的寄居蟹……这次浮潜，大海给了我一次美丽的邂逅，让我感受人间的美好、生命的可爱。

行走海滩时

李斯予

　　回到故乡的第二天早晨，我就迫不及待地去最喜爱的海滩上散步、玩耍。

　　哇，今天居然早上就退潮了。我连忙脱掉鞋子，踏上那冰凉的泥土，呼吸着新鲜的空气。

　　我慢慢地在退潮的海滩上走着，一览无余的海滩上，几个渔民的身影正在那忙碌。我好奇地走近一看，原来他们在挖海蛏啊。"呼哧呼哧"的喘气声中，那一个个忙碌的身影与我小时候记忆中的劳动的农民的身影重合了。是了，那时的我最喜欢吃海蛏了，吃几天都不嫌腻。于是经常跑到这片泥地上来看舅婆挖海蛏，每挖出一个我就会兴奋地大叫。

　　走累了之后，我轻轻蹲下来。那时正是小螃蟹出生的季节，于是我静静看着那些就像一个个小蜘蛛的小螃蟹，它们正在一个个隆起的小沙包上忙碌地打洞，两只前爪不停地在沙子上扒呀扒，不一会儿，一个浅浅的小坑就显现了出来。它们又爬到了洞的下方，拼命地将沙子向上推。不一会儿就堆成了一个个小沙丘。回忆起我小时候在这也是这般看着小螃蟹挖洞的，但是那时的我却更喜欢将它们抓起来，放到矿泉水瓶里，还不时地将它们用手抓着，当作飞机在头顶上挥舞，嘴里还大叫："飞机飞喽，飞机飞喽！"

　　继续向前慢慢地走，到了海滩的远处，蹲下捧起那些深褐色的沙土，立马，我手中蔓延开了冰凉的触感，那些原本就松松散散的沙土因为我手心的温度，渐渐地从手的边缘滑落下去，刚刚被我挖过的地方立马涌出了水。但是童年的我最喜欢将沙土用手挖开形成一个个小水坑。临走的时候，我通常会跳到水坑里，把手洗干净，再将脚洗干净，还给它们取了名字"洗净池"。现在回想起来，那时的我真是太可爱了，明明往回走还有段距离，洗干净了脚也会脏的。

　　看着在大太阳下那些在沙里一脚深一脚浅地寻找蚌的渔民，找到时，蚌壳与蚌壳之间碰出的清脆的声音。想起我小时候也喜欢戴着个斗笠，披上防晒的衣服，挎着个小篮子，跟在大人后面，也装模作样

地在泥里踩啊踩,其实不过是为了玩沙子罢了。弄得从脚到膝盖都是沙子,像穿了一双高筒袜。那时的我真是顽皮极了。

在海滩上行走着的我,享受着海风带来的清爽。小时候,每当快到接近出口的时候,我总是丢下妈妈,自己一个人在沙里跑着。当然,每次跑着跑着总会不小心摔在沙里,不是脏了裤子,就是把自己弄得满身是沙。

行走在海滩上回忆起过去的美好,真是一段最美的时光。

以微笑迎接离别

吴嘉琪

岁月的脚步,竟是如此匆匆。在时间的推搡下,也许我们都学会抑制泪光,笑着和曾经道别。不知渐行渐远的你们,还好吗?

那个夏季总是充满淡淡的愁绪,我们亲手酿下的苦涩与青春的火热交织着。蝉哼着夏季单调的曲儿,我们却越发不想离开,不想说再见,不想长大。鼻尖的酸意在发酵,在缓缓晕开,却又倔强地笑着。

一同踏上前往郊外的班车,不顾周围人的目光放声笑着——这是最后一次一人不落的出游了吧。有遗憾,有不舍,却宁愿用快乐与欢笑替代了啊。直至我们在最后一站与不知名的花儿们撞个满怀。浓郁的色彩,大把大把的阳光洒落着,它们均微笑着,似是早已相识。或深或浅的花儿簇拥着我们,带来泥土的问候。我们三三两两地散坐着,望着遍地斑斓,时不时笑着,闹着,同往常一样。

对于安排好的告别，我们心知肚明，却不愿相信——这么快吗，六年，这样轻易地溜走了吗？想着懊恼地叹了口气。"下个月就毕业了吧。"班长冷不丁低声说道，但我们都听见了。低下头，眼前的美景似乎阻碍不了悲伤分子的弥漫——我们终将花开两朵，天各一方啊。

　　久久的沉默令风静了，花静了——但它们仍在微笑。我不愿再这样了，倏地站起，带着哽咽的声音冲他们喊道："明明可以笑着说再见，伤感什么！"死党站起来了，尽管她满脸泪痕，"反正不是再也不见嘛！"我们相视一笑，击掌。大家站了起来，先前的伤感仍在，但我们一致决定，要像花儿那般微笑面对即将到来的离别。毕竟，那才是青春的色彩。

　　暮色四合，几人一同立下了誓言——三年后，高中约！孩子气的叫嚷，在山谷间传了很远很远，一遍，又一遍。我相信他们和我一样牢牢地记住了那一幕——几个充满朝气的孩子，在夕阳的照耀下，在满山花朵与绿草的见证下，坚定而执着的模样。我相信他们也都在为这个誓言而努力着，不管我们在哪。

　　其实，结果早已不重要。在那片山坡上，带给我们的，是重扬青春船帆的信心，是擦干眼泪重新起航的勇气，是学会用微笑面对离别的成长！愿我们再努力一点，更努力一点，不负自己，不负初心！我愿意相信，我们每个人都是一朵花，我们的绽放，是来自青春的微笑。

　　分针秒针的嘀嗒作响，时光又一点一点地消磨去了。三年期限似乎也并非十分遥远，在此，只与我同行六年的你们——中考之时，愿你我能微笑交上那份答卷。如今，愿你我为此用尽全力！这是青春，微笑而不认输的我们！

　　剑已佩妥，学校也是江湖。

　　酒尚余温，人生没有退路。

　　我们微笑离别，终将微笑相逢。

致永远的母校

林奕昕

天下没有不散的宴席，转眼之间，毕业的脚步临近。远处，一阵熟悉的桂花清香飘来，伴着欢声笑语，记忆涌上心头。

我的学校或许很平凡，但在我心中，它却独一无二。走入上操场，赫然看到那早已老态龙钟的大榕树。宽大的阴影下，伴着阵阵清脆鸟鸣，仿佛又见当初天真无邪的我们还在那树下嬉戏。金秋时节，地面铺上了黄地毯，还有橘黄色的小果子，珍珠似的点缀其间。右边则是篮球场，曾经，偌大的场地人山人海。场地线外早已座无虚席。所有人都在期盼着这场别开生面的篮球赛。果然，比赛令人热血沸腾，对方似下山猛虎，咄咄逼人，我方连连失手。好在我方终于后来居上，紧追上来。一场下来，虽还是技不如人，却也不禁欢欣鼓舞，为其喝彩。清风拂过树冠，传来沙沙声，应是那榕树爷爷爽朗的笑声吧？

步下台阶，来到我们的下操场——跑场。清新的早晨，这是我们的运动场，是我们锻炼身体的地方。到了运动会，则似鸟窝般喧闹，人声鼎沸，吆喝的议论声不绝于耳。不远处，是我们的主席台，红红的地砖，下围则摆满小树盆栽，绿意盎然；两侧的"树骑士"高挺耸立，抬着他们高昂的头；左右还有吉祥物安安兜兜，为主席台增添几抹靓丽的色彩；顶上是一只纯洁无瑕的白鹭，又似海鸥展翅高飞。在这庄重的主席台，也藏着不少童真的回忆：有节日晚会带来的欢乐；有颁奖典礼带来的喜贺；还有那"读书嘉年华"所洋溢的童趣……就是平常，也有它不可或缺的使命：校长演讲，升旗仪式，常规反馈等，都有它的用武之地，可谓我校的至亲。

　　左边的教学楼则是书香洋溢，琅琅读书声萦绕耳畔。走过淡淡花香的走廊，引领我们去往那知识的海洋——教室。如果说，学校是我们的家园，教室则是我们的摇篮。前面的黑板上写满公式、单词、汉子等，是知识的泉源。后黑板报画满我们童真的希望，五彩斑斓，天马行空。除此之外，更有蓝叶书屋、射击馆等，令我们流连忘返。

　　一刹那间，思绪回神。又是阵阵桂花飘香，心中不由伤感而惆怅。再过不久，羽翼丰满的我们将要飞离这温馨的大家庭，但曾经的往事，我会永远铭记于心。

我爱校园的炮仗花

黄橙子

　　我走过许多地方，看过许多美丽的花朵，但是，最喜欢的还是校园操场边，那一簇簇橙黄色阳光灿烂的炮仗花。

　　春天来了，春姑娘的微风吹绿了围墙上嫩绿的爬山虎，这时候，炮仗花也悄悄地探出了小脑袋瓜，星星点点的小花骨朵布满了绿墙。橙红色的花朵衬着绿色的爬山虎特别的耀眼，特别的明媚，当小花苞逐渐汇成了金色的海洋，像瀑布一样连绵不断地从围墙上倾泻而下，真是既美丽又壮观啊！

炮仗花红红火火的花朵累累成串，看上去就像鞭炮一样，所以才有了这么个有趣的名字。其实，它们不光名字有趣，样子也特别的可爱。

每次经过操场，我都忍不住要多看炮仗花两眼。春天的阳光照耀在炮仗花上，照得花蕾闪闪发光，引来了小蜜蜂围着它们团团转。它们翻卷的花瓣就像天真烂漫的金发小女孩儿，又像美丽的花裙子，微风吹来翩翩起舞的样子是多么的可爱啊！前几天下雨了，春雨纷纷扬扬地飘落在炮仗花身上，淋得它们晶莹剔透的。看它们依然微笑着扬着头，努力地绽放着美丽的青春。阴雨的天气，有了它们的陪伴，我们的脚步也变得格外轻松愉快。

我爱校园里的炮仗花，它们美丽又充满了活力，给春天增添了无限的色彩，也给我们的校园带来了诗意和希望！

此岸现实　彼岸梦想

王　悦

"梦中事，笑是真笑，哭是真哭。"
————汪国真《在梦里，我遇见了你》

谁曾从谁的青春里走过，留下了笑靥；谁曾在谁的花季里停留，温暖了想念；谁从谁的雨季里消失，泛滥了泪眼；谁又在谁的梦中留下了一缕回忆，终究梦一场……

我这是在哪儿？

这是一间教室，微微泛黄的风扇叶旋转着，带着若有若无的风；还是那个黑板，上边还有几笔没写完的公式；几张课桌被教材摆得满满当当；微蓝的窗帘扬起，窗外的阳光洒在课桌上，桌面上几道歪歪扭扭的刻痕映入眼帘，我抚摸着那些刻痕"逆水行舟，不进则退""我喜欢×××"，轻笑，青春啊！思绪越飘越远，一回头，教室里满满当当的人让我不敢相信自己的眼睛，再看讲台，老师也正盯着我，他一挥手，要说些什么，我刚想解释自己突然的出现，可前方座位上的同学已颤巍巍站了起来，依依不舍地将手中的小玩意儿交了上去。我有点欣喜，他们看不到我！我放开了手脚，自由穿梭在课桌间，故作了解地观察每个人的"心事"。

"×班加油！""好帅啊！"突然，操场传来的喧嚣，打乱了我的心绪，怀着好奇，我走出了教室：似乎是两班在进行篮球赛，球场外围的女孩子时不时挥舞着双臂，为队员呐喊加油。我笑了，也加入了她们的行列，尽管谁也听不到我的鼓励，看不到我的鼓舞。不知怎的，我忽然觉得自己就是她们，也曾给男生加油，也曾为了一件自己想做的事而旷课，年少轻狂。球赛结束了，可女孩子们却久久不散去，我认认真真地看着她们每一个人的笑脸，感受那种青春的气息。

校园广播响起了，你微微抬头，"明天你好，声音多渺小，却提醒我，勇敢是什么……"这是牛奶咖啡的《明天你好》，你突然有所感悟，轻轻拭去眼角的泪，想到了自己的梦，自己的明天。

一阵嘈杂声，几个人正在往校园正门上挂横幅："没梦想，你要青春做什么？不努力，你的未来有何用？"是呀，青春的梦想啊！那么，你的梦想是什么呢？我？我那时的梦想……就是与祖国共呼吸、同命运，用自己的努力让我的青春成为一道靓丽的风景线！我要从现在开始努力！因为现在奋斗正当时……

我醒了！可心里依然思索着梦里的情景，我的梦想是什么？我准备好要开始接受挑战了吗？

现实是此岸，梦想是彼岸，中间隔着湍急的河流，努力拼搏则是架在川上的桥梁。我的青春正在进行时，我正在实现梦想的道路上砥砺前行！

我的自画像

刘佳艺

青灯一盏，方桌小案；素纸平铺，浓墨轻蘸；笔尖于纸上舒行，欲勾出我的自画像。

墨笔轻挑，是眉目。老天格外厚爱地给予了我一双明亮的大眼睛，好盛着这包罗万象的世界。随着年龄渐长，这双眼也找到了它的钟爱——书籍。不论是在墨香洋溢的校园，还是在喧嚣聒噪的途中，每有空闲，我便会翻开书页，嗅着文字的清香，浸入沁人心脾的书的世界里去。书海汪洋，我走过温柔富贵的大观园，翻过桃红李白的花果山；看那水浒英雄聚义，三国乱世纷争；江山犹在，夕阳渐红……有时看得入迷，竟不知不觉走了过头路，好不容易寻回家，眼前仿佛还浮现着范进中举时的疯癫景象，嘴角勾起了一抹笑。

乌毫浓染，是双手。若说眼睛是心灵的窗，那么双手便是心灵的砖瓦，辗转翻弄间便可呈现人格的独特。因而我不再满足于阅读，自提墨笔，书写着独一无二的生命篇章。小时候，我钟情于天真童话的唯美邂逅；稍大些，我沉醉于奇幻小说的天马行空；而现在，更爱如拾贝人一样，行走于生活的海滩上，将那些令我沉醉的点点滴滴拾进写作的箩筐，弥久珍藏。或许是一首小诗，或是一篇小文，赋予文字以生命的鲜活，便是我最大的乐趣。有时，我静静地坐在车上构思着，专注得连母亲的叫唤声也一同当作了耳旁风，托腮沉思的样子，引得母亲好一阵的哂笑。

这双手赋我以叙写生命之良机。

点染描廓，砚墨渐消，画像已成。犹提笔，我在那落款处，轻轻署上姓名：刘者，左文右刀，文武双全者也；佳者，良辰佳期也；艺者，荟萃艺林也；因而"佳艺"者，乃"莫负佳期，畅游艺林"者也。

放下笔，我静静地欣赏着这幅画。明眸，犹爱阅读；素手，钟情写作。我的自画像，不十全十美，却是独一无二。

这就是我

——我的说明书

黄若珊

产品名称：黄若珊
生产日期：2004年6月20日
生产厂商：本产品的父母

产品特点：

1.本产品性格开朗、擅长手工，能说爱唱，一般情况下没什么坏毛病，偶有过于"豪迈"，或偷懒耍赖偷奸耍滑等副作用，喜欢说冷笑话。

2.本产品兴趣爱好广泛，热爱马术、舞蹈、小提琴，喜爱阅读并且能书善画。

3.本产品最显著的特征是酷爱小动物，喜欢饲养小动物，但在饲养期间，本产品只负责小动物的一切玩耍娱乐，不承担清理便便、打扫卫生等各项后勤工作。

产品功能：

全能型。大错不犯，小错不断。平常看着没啥特别用处，关键时刻可以派上大用场，是不折不扣的"开心果"与"小棉袄"。本产品对于熄灭生产厂商之间的偶尔战火尤有奇效：每逢"狼烟四起"之时，本产品会主动拿出吉他开启诙谐自弹自唱模式，常逗得交战双方哈哈大笑，顷刻间，化一场战争于无形。

本产品又是全自动"智能按摩器"、免费"疲惫清洁工"，能让生产厂商放下疲惫，解除烦恼，使家庭时时刻刻充满温馨与宁静。

产品座右铭：一日无书，百事荒芜。

给本产品充电的最佳方式就是书籍。一旦使用者发现本产品因"电量不足"而萎靡不振时，只需丢给她一本好书，她马上如饥似渴默默开启充电模式，其间禁止任何人影响及中断。待"充电"完毕，该产品立刻继续精神饱满神采奕奕开启自嗨模式。

看完了这些介绍，你是否对"我"有了更深入地了解呢？这就是"我"——一个幽默风趣、喜爱阅读、热爱生活的女孩儿，是长辈们眼中的"小棉袄"，也是同学们口中的"开心果"！

这年，我十一岁

徐 帆

一个人的成长有时是需要一件事来推动的，只有经历过，才能得到收获。

这年，我十一岁，是一个胆小的人。那次，我与父母一起，前往旗山的飞跃丛林。

一轮明亮的太阳高挂在天空，它的光芒有着极强的穿透力，太阳光穿过层层叶子，打在了树上的器械上。我循着太阳光一看，那高大的树木上有着一件又一件奇怪的器械。想必那就是挑战自我的内容吧。

选取了路线，买好票，慢吞吞地穿上保护装置，我开始了我的旅程。

爬上起点的树，我向下瞅了一眼，那仿佛是一个深渊，等待着我投入陷阱之中。周围传来的惊呼声刺激着耳膜，冷汗从我头上冒出。心想："我能走到终点吗？"我的心怦怦直跳，工作人员在后面鼓励着我，我硬着头皮，迈出了在这树上的第一步。

迈出第一步之后，我惊讶地发现我已经不再那么害怕，虽然还是手脚发抖，但已经比之前要好得多。有了这样的感受，我打起精神，继续向前走去。

一路顺风顺水，我过五关斩六将，眼看着离终点越来越近，但这时，一只"拦路虎"——横跨在两树间的一条钢索跳了出来。我站在钢索一边的木台子上，稍稍看一下下方，似乎比原来更高，恐惧冲击着我的心灵，令我不敢往前半步，回头看看，后面的人已经在追赶着我了，这意味着已经无路可退。"我只有冲上去！"我坚定地对自己说。说罢，我便一脚踩在了钢索上。

突然，那钢索剧烈地颤动起来。我全身的重量都压在了钢索上，恐惧让我慌了神，脚一滑差点摔下去。幸好身上有保护装置，才得以幸免。

回过神的我坐在台子的边缘，大口地喘着气，仅存的勇气在与巨大的恐惧激烈地斗争着，让我站起来，突破困境！

我渐渐回过神，继续向钢索发起进攻。我支持着勇气小人们，一点一点地把恐惧赶出去。恐惧们见自己渐渐不敌，对着我大喊："费这么大劲儿干什么，还不如就害怕下去。"我也对着他们大喊："我不会放弃的，我会变得勇敢！"随即就向恐惧小人们发起最后的攻势，一举打跑了他们。我终于战胜心魔，勇敢无畏地走过钢索，到达了另一端。

结束之后，回头再看钢索那端，那里的平台处有一个十五六岁的少年，他在平台上来回踱步，想必和我一样，也被这勇气的关卡拦住了吧，希望他也能和我一样突破这关卡。想到这儿，我不禁自豪地说："我成功了！"

在终点等待的父母告诉我，当我第二次站起来走过钢索时，他们便知道，我长大了。

我也知道，十一岁的时候，我战胜了恐惧，也战胜了自己。从此以后，会有一个勇敢的我。

假如没有规矩

黄雨诗

规矩是我们讨厌的东西，尤其是在学生、上班族中。它束缚着我们，不让我们为所欲为，自由自在。家长规定我们：你每天只能玩几分钟游戏，你每天都得练习画画、弹琴……上司对员工说：你在公司，不能干什么……可你想过吗？如果没有规矩，我们的生活该会如何？！

学校规定学生上课不准喝水，但如果没有规矩呢？课堂上，学生随意地喝水，再一会儿，"老师，我想上厕所！"的声音定会此起彼伏，像烽火台一样连着"点燃"。再过一会儿，"老师，我憋不住了！"而老师让同学去了，一定会一个接一个，不一会儿，全班跑得不剩几个了。严重影响上课秩序、老师上课进度，如此，既没听多少课，任知识白白流失，又影响别人。假若没有规矩，那便会产生无数恶性循环，和坏习惯的形成。

即便如此，规矩也应是公平等对待的，规矩面前一律平等，而不是区别对待、对个别人宽容些的。制定必要的规矩是十分重要的，遵守它更是。一个军队，要是没有铁的纪律，那么必定百战而无一胜，而没有强大军队的国家，必定灭亡。无论什么，离开了规矩，必定不会长久。一盘没有规矩的散沙，虽无拘无束，但终究是一盘随时会散

的岌岌可危的散沙。

有无规矩，可以决定一个国家的存亡，即使无拘无束再自由、舒适，但我宁愿受到束缚。因为这不是作茧自缚，而是享受自由与舒心的保障。

班级风波

陈喆昊

清晨，暖暖的阳光洒落在教室的每一个角落，琅琅的读书声犹如快乐的音符，动听、有节奏，教室里呈现一片和谐景象。若不是看到操场上梧桐树的叶子黄了，我以为这是春天。不，这是秋天收获的季节，瞧！我们班级经过努力已经连续三周荣获"最美班级"称号。然而，今天一桩奇怪"案件"打破了这片和谐。

那天下午上完体育课，我们如往常一样陆陆续续回到教室，发现班主任王老师早已守候在教室，犀利的眼神扫视着我们，我心里微微一颤，"暴风雨即将来临！"果然，老师用低沉的声音说："刚刚最晚去上体育课和最早回到教室的人是谁？"顿时，教室里鸦雀无声……大家都清楚，平时老师要求严格，不查个水落石出，后果……我的心提了起来。

突然有个同学站起来说："是我和梁同学最晚下去的。"这时，老师把身体轻轻往前挪动，我们终于明白，原来是黑板上"迟到榜名单"被擦掉四个名字。老师严厉的声音又在我耳边响起："谁能为这几个人证明不是他们擦的黑板，是谁要毁掉迟到名单，企图逃避处罚？"经过一番讨论、排除、举证，唯有胡同学存在最大嫌疑，有两人同时看见他擦过黑板？但是，他死不承认。老师旁敲侧击，软硬兼施，经过一番拷问，胡同学羞红了脸，低下头，微微张开有点干瘪的嘴唇，挤出两个字——"是我！"他终于诚恳地承认了错误，我们心里的大石头也落地了。我百感交集，既感叹他的鲁莽，又佩服他的勇敢，又敬仰老师的侦查能力……

　　王老师说过，"不怕你们犯错误，只怕你们不敢承认错误，唯有诚实的孩子，才能赢得老师的信任！"

　　我向窗外望去，操场上梧桐树上叶子悠悠飘落，夕阳的余晖为校园披上一件淡红的轻纱，构成一幅美丽的秋天图画，老师的话像这秋天的画让我记忆犹新，让我懂得敢于承认错误的勇气更可嘉。

满天星，染了谁的瞳

忽然发觉现在已经是晚上。赶紧顺着来时的路走回去。地上的积水反射着月光，璀璨闪亮，好像天上的万千繁星洒落一地。

课间职责

陈元欣

课间对我来说，一直有一个特殊的任务——把点名册给各个课任老师签名确认。

"床前的月光，窗外的雪，高飞的白鹭，浮水的鹅……"美妙的下课音乐又响起了。"刷"，我迅速地从抽屉里取出点名册，大步流星地奔向老师。是的，又要开始履行我的职责了。

可是，就在这时，对面小组的几个男生，像脱缰的野马，拿着数学书，已经围住老师了。还转过头朝我摆了个"耶"的手势。原来他们这节上有些知识点没理解，所以下课来请老师指导。

我看着已经认真地指导着同学的数学老师，心想，我该不该把点名册递上去呢？先递上去吧，老师签上大名，我就可以去玩了不是吗？于是我小心翼翼地蹭上去把点名册往缝隙里塞进去。"老师，先帮我签字，好吗？""这个题的诀窍就在于……"老师加重了声调还在认真指导着那几个男生。噢，是我说得太小声了，老师没听到？再大声点？算了，没勇气了，还是等等吧。

于是，我又把点名册抽了回来。往窗外望去：有的同学在军体拓展区玩着，有的同学在跳长绳，有的同学在打乒乓球。我努力搜索着好朋友的身影。瞧，她们在榕树下边聊天边玩手翻绳。"蔡蔡、芮

芮，等我呀！我马上下来跟你们一起玩儿"我边向她们招手边喊着，我可是玩手翻绳的常胜将军呢！于是我拔腿就要往操场跑，玩一局再回来应该也不迟吧，说不定回来时老师都还没教完呢！

但是，我心中马上出现了另外一种声音：不行！你要先履行自己的职责！于是，我又灰溜溜地收回了脚。

等待的时间总是很漫长，离第二节上课仅两分钟时间了，终于那些同学谢过老师后心满意足地离开了。老师匆忙地整理了下东西正准备离开教室，我急忙迎上去，把点名册递给数学老师。

数学老师龙飞凤舞地签完字，回头赞道："你真是个负责的好学生，让你久等了！"我看着窗外美丽的校园，与同学们活动的身影，心里美滋滋的，虽然牺牲了课间时间，但是圆满完成任务的感觉真好！

是啊，这个课间，虽然没能和同学一起玩耍，但我看到了对学生耐心指导的老师，勤学好问的同学，当然还有认真负责的我！

那些关于雪精灵的记忆

刘韫彰

家在南方，总是无缘一睹雪的芳容，于是，它只在梦里出现。每每冬日来临，这精灵便如约闯入梦里与我相会。天遂人愿，寒假偶然的一次归乡，梦里的精灵悄然降落，让我真真切切地感受它的存在。

这场雪下在浦城北部的小山村。清晨爸爸把我从梦中摇醒，告诉了我这个喜讯。于是，我们开始了一场追雪的旅程。车在盘山的公路上颠簸着，因为路面积着霜，速度没有很快。我和小伙伴们趴在车窗上，兴奋地望着车窗外的景致，焦急地寻找着雪精灵的蛛丝马迹。

"看，山顶，对面山顶白了！"

"右边，右边，右边田野里有雪！"

"哇，快看，屋顶上，一层白！"

……

一路上，我们开心地叫着，兴奋地喊着，认真地追寻着雪的踪迹，生怕遗漏了任何一处的雪景，完全忘记了车的颠簸。顺着山势，车越行越高，路上的积雪也渐行渐厚。当车翻过一座山头后，我们仿佛闯入了一个粉妆玉砌的童话世界，天地之间浑然一色，银装素裹。绵绵的白雪给群山披上了一层白纱，落了叶的树枝上垂着水晶般的小冰笋，松柏上堆满了蓬松的雪花，竹叶上也落满了雪，风一吹，积雪飘飘扬扬散落，宛如仙女散花般。

原来，这就是雪，这就是无数次在我梦里出现的雪的世界，太奇妙了。我和我的小伙伴迫不及待地从车上跳了下来，投入这雪的怀抱。我们在田野里肆意地跑着，雪地忠实地记录下我们串串的脚印，感受着我们的喜悦。爸爸随手团起一个雪球冲我扔来，雪球大战一触即发。我立马同小伙伴联盟，防守反击。雪球如子弹般在田野里飞来飞去。爸爸团雪球又大又快，发出的雪球如机关枪般，还有妈妈做后盾。而我们童子军团雪球又小又慢，发出的雪团如卡了壳的破手枪，实力太悬殊。突然，爸爸的一个雪球打中了我的脸，我应声倒下。我终于怒了，改变策略，纠集了小伙伴，不顾枪林弹雨，穷追猛打爸爸的后盾——妈妈。正当爸爸回神来支援妈妈时，一不留神，滑了一跤，重重摔倒在地上，看着他满脸是雪的糗样，小伙伴们都幸灾乐祸地放声大笑。

跑累了，我们开始收集着旁边干净的积雪，推雪球。雪球越推越大,终于推出个雪人胖胖的身子;然后又寻了块干净的地,推出了个小雪球,当作雪人的脑袋;安上脑袋后,我们在地里刨出一个干瘪的胡萝卜做鼻子;再从路边捡来小石子做眼睛、嘴巴。搭好后,仔细瞧瞧,好像少了点什么。原来,我们忘了搭上手臂了,爸爸笑着,捡了两根树枝,插了上去,雪人终于大功告成。胖胖的雪人,搭上干瘪的手臂,即滑稽又可爱,我们又放声大笑。笑声笑化了积雪,笑暖了冬天。

虽然没有见到洋洋洒洒的飘雪,但这一刻,已定格成我快乐的记忆,折叠在我小小的生命中。于是,无论在梦里,还是在心底,便有了我那些关于雪精灵的记忆。

满天星,染了谁的瞳

郑 易

这个暑假,我回到了老家。第一脚踏上老家的鹅卵石路时,便有一种熟悉的质感。继续往小路和远处的天的交界处走去,不知不觉,天空飘飘洒洒地下起了雨,细密的雨滴斜斜地织起了雨幕。抬头看天,竟然惊奇地发现这是场太阳雨,太阳在雨幕的遮掩下也显得有些朦胧。

任凭雨滴滴在头发上、睫毛上、肩上,最后滴落在脚下的鹅卵石小路上。这样的情景,好像以前在哪见过……

那是一个树叶泛黄的时节,我和表哥表姐们在老家的田野上玩耍，也是忽然遇到了毛毛细雨，大家都在找避雨的地方。这时，二表哥停了下来："看，地上有好多'小溪'！"大家都凑过去看，纷纷开始了接水工程，任雨弄湿衣服，只知道用手接水，然后把它们倒入"小溪"中，看着它们渐渐变大，水流渐渐变多，我们都开心地笑了……

头上一凉，树上滴落的水珠把我从回忆中拉回现实。说真的，真的好想再遇见那样的"小溪"，遇见各奔东西的表哥表姐们——大表哥准备去考清华法律系，最近在埋头苦读；二表哥也在忙着准备中考，没有一丁点儿时间陪我聊天、玩耍；表姐去厦门学美术，竟也是忙忙碌碌，难得上次回老家，我却没空。好想再和他们开心地玩一次！

忽然发觉现在已经是晚上。赶紧顺着来时的路走回去。地上的积水反射着月光，璀璨闪亮，好像天上的万千繁星洒落一地。

夜未央，繁星落眼眶。人遇见故乡，那才是永恒吧。永恒的怀念，永恒的人情味，还有永恒的童年记忆。

让我牵着你的手

林舒晴

秋天，整齐划一地铺上金黄色的落叶，似乎在酝酿着沉静之后的觉醒。我望着远方逐渐发白的山头，天色微明，仿佛紫红的彩云也变得纤细，风从山头吹来，我走向那座老山。

踏过落叶，一曲悠悠的小令在风中盘旋。伴着乐声，落叶如梦幻般翩翩落下，就像曾经的幻想，美得那么不真实。登高远眺，望不尽茫茫的金海。一片片落叶宛若蝴蝶破茧而出，那么美，轻罗慢卷，蹁跹起舞；一片片落叶宛如那入凡的仙子，挥着洁白的羽翼在金毯上轻盈地旋转；一片片落叶犹如落入城市的精灵，浑身上下透着自然灵动的气息，她的裙裾如同梦境中诞生，一层层幔纱飘起，闪现星彩的光芒……落叶纷飞，漾起我悠悠的遐思。

轻风吹起一片落叶，飘飘扬扬，飞向远方。我踩着小碎步，一路跟随着那落叶，是故乡的小河！许久不见，这河更清澈了，虽没有了春天的欢快和律动，但也还生机勃勃。水的流淌声，花儿的露珠与石头的撞击声，组成了一首钢琴曲，悠扬悦耳的乐声配上如梦如幻的落叶之曲，这是人间的何等美景！拾一枚落叶，细数精致的纹理，我嗅到了大自然的芬芳清香。这枚落叶两头微翘，细看如一只金色的小船，轻轻放入哗哗的流水中，左摇右晃，开启了有趣的航行。小船缓慢地飘向远方，依依告别。双手合并，默默祈祷：愿那小船，承载着我的梦想，顺利航行。

回到林海，坐在树边。任落叶轻抚我肩头；任光辉透过斑斑驳驳的树林，暖了我的脸庞。俏皮的落叶不肯直接落下，轻轻擦过我的鼻尖，在我的嘴角撩起一丝笑意。接着那落叶，捧在手心，一片心形映入眼帘，微闭双眼，思绪飘荡，一股桃香钻入鼻中。嗯！那一定是，一定是那次王母娘娘生日，孙悟空偷蟠桃被发现时，手一颤落入凡间，变成了这枚心形的叶子。我的坚定，证实了我的幻想。嗯，的确，这就是孙大圣留下的，一定没错！

正当我遐想的时候，又一片落叶悄然而下，用手接住，放在耳边，风把叶子吹得沙沙响，我仿佛听到了大自然的声音。把这片神奇的叶子小心翼翼地卷起，折成一只叶哨，放在唇边，轻轻一吹，一阵清脆悠扬的哨音在山中飘扬，这就是大自然的音韵，只有大自然才能

演奏得出来。

落叶，是大自然的孩子。落叶飘零的秋天，闻到的是一阵沁脾茶香，缀饮花露，披着晚霞，让我牵着你的手，到林海中去散散步。

风的四季

黄 潇

我喜欢风，无论什么季节的风，我都喜欢。她给我的印象和记忆，永远都是美的。

春天到了，风姑娘披着五彩的衣裳，飘然来到人间。一路上，风姑娘带着湿润芳香吹过田野和大地，吹过山川和平原。她吹出了青草的嫩芽，吹出了花儿的笑容，吹出了万物的萌发。风姑娘有时还邀来雨哥哥，滋润大地万物。风姑娘有时还将柳姐姐的秀发轻轻吹起，使柳枝分外妖娆。"吹面不寒杨柳风"，不错的，春风是轻柔的，就好像母亲的手抚摸着你。一阵风儿吹过，我感到脸颊有一丝冰凉，又有一丝温暖。风中带着些新翻泥土的气息，混着青草味儿。使人只想躺在草地上，静静地享受风姑娘带给我们的柔和与娇美。

夏天的早晨，广场上人们正忙着锻炼身体呢。你别看他们故作轻松，其实啊，豆大的汗珠已顺着他们的脸颊，一溜而下，汗水已湿透他们的衬衣。这时从东南方吹来一阵凉风，给人们带来无比的清爽和舒适。这夏日清晨，好比一部天然的空调，让人们尽情地享受着自然的馈赠。正因为有了这阵阵凉爽的夏风，人们才会这般安闲与从容！

秋天悄然而至，风婆婆披上了金黄的衣裳，迈着轻盈的步伐来到了田野。只见风婆婆一挥手，稻谷立即弯了腰，高粱涨红了脸，玉米也急着脱去了衣裳。风婆婆来到果园，苹果透红了脸，橘柑压弯了腰，果香浓郁满山岗。风婆婆刚一转身，枫叶从天而降，犹如一只只翩翩飞舞的红蝴蝶，又是一幅飘逸静美的秋叶图。

冬天，寒风呼啸，山上全笼着一层层银白的雪。西北风吹过之处，地上的雪花纷纷飘舞起来了，犹如大海中翻滚的朵朵浪花。我静静地伫立在田野，冬风扑面的感觉似乎有些湿漉漉的，凉丝丝的。是的，冬天已经来了，春天还会远吗？

啊，风！我爱恋的风，你不仅带给我春生的喜悦，带给我夏日的清凉，还带给我秋叶的静美与冬雪的期待！

道一声"早安"

严高阳

现在走在大街上，人们的脸上大都是冷漠的，几乎见不到那种温暖和煦的如阳光一般令人暖意融融的笑容了。即使你想打声招呼，可见到那拒人于千里之外的脸色，一腔热情也会慢慢退却吧？

能不能改变些什么呢？我想试试。

春天的风吹在身上依旧冷丝丝的，我不禁裹了裹身上单薄的衣裳。寒风瑟瑟中，为数不多的行人来去匆匆，脸上皆是冰冷的麻木。我缩缩头，"物色"着第一个让我说早安的"目标"。

哎，有人经过了！一个小伙子……不行，看他脸上都快"冰冻三尺"了；一个漂亮姑娘……天哪，满脸的不耐烦！我小心翼翼、蹑手蹑脚地打量着每个人，不敢贸然出手。

好容易来了一个看起来比较慈祥的老奶奶，我打量片刻，决定出手了！于是我撑起一个大大的笑容，大声地对老奶奶说道："老奶奶，早安！"

老奶奶斜眼睨我片刻，挥挥手道："小朋友，你也早安呀！"

我有些激动，双眼晶晶亮地走到一边。老奶奶没有不理睬我，说明这件事也不是那么难嘛！

很快我就发现这结论下得太早了。如果连续被人无视十几次还不算什么的话，那么被人骂一句"你无不无聊"，简直是令人生出了放弃的念头。

但是我一直告诫自己：万事开头难。虽然这么安慰自己，可心中的失落依然没有被抹去。我不禁心想，难道尝试就这么落寞地结束了？

不行，再坚持！我再次调整好心情，勇敢地站在路口，睁着眼睛，瑟瑟缩缩。又是好一阵等待，当我自信地对一位匆匆忙忙的叔叔说早安的时候，这次情况改变了一些——他没有视若无睹，而是淡淡点头。虽然脸上依旧没什么表情，可已经令我很满足了。毕竟不能一口吃成个胖子嘛。

以后，只要有空我就去实践，也从一开始的羞涩到习以为常；从一开始的畏畏缩缩到落落大方；从一开始的面色潮红、结结巴巴到泰然自若、口齿清楚。我打心眼里将一件强迫自己去做的事变成了一种潜移默化的习惯，而被动听我说早安的人们，也从一开始的冷漠到淡淡点头，再到微笑着回礼，我甚至看见人们还会互相打招呼了……如果说我不欣喜，是不可能的，毕竟是我付出了自己的努力，才让大家逐渐变得温暖起来啊。

又到了早安时间了。

我一面微笑着，一面与人们打招呼。我很高兴我唤醒了人们心中的那一份温暖，那样真诚、那样纯净、那样美丽。人的冷漠，犹如一块厚厚的坚冰，而使它融化的，是真善美，是少年心中的光辉。

走着走着，骤然一缕阳光照耀过来，暖暖的。我笑了，因为严冬真的过去了，初阳，正在冉冉升起……

书山有路，学海无涯

郭雨涵

匡衡凿壁偷光后拜汉相，孙敬头悬梁继而纵横天下，苏秦以锥刺股继而为六国之相，杨时程门立雪而后得承理学，车胤囊萤后为吏部尚书，孙康映雪而后官至御史大夫。诸如此类比比皆是。故欲学富五车者必将以勤为径，以苦作舟，且如老骥之伏枥，至死方休；长路之漫漫，上下求索。

太白幼时读书山中，未成，弃去。一日出游，遇一老妪。不闻其声，但见其磨铁杵，太白怪而问之。答曰："欲作针。"白曰："铁杵成针，得乎？"曰："但需工深！"太白感其意，还而终业。后人有道是：只要功夫深，铁杵磨成针。

幼时有闻曰："业精于勤而荒于嬉，行成于思而毁于随。"于是乎勤勤勉勉，不敢松懈也。又闻古人云："三更灯火五更鸡，正是男儿读书时。"而后有感：虽我之年幼，却仍可立大志，行正道然须刻苦读书方可得志尔。然后乃知书山有路勤为径,学海无涯苦作舟。

闻过则喜

康佳烨

虚心接受他人意见,感谢他人提出的建议,你的人生就会更上一层楼。因为只有爱你的人才会不讳直言,俗话说"爱之深,责之切"。只有做一个闻过则喜的人,你的人生才会一帆风顺!

如果你嫌别人唠叨,那就大错特错了!古人说,"三人行必有我师焉。"

古今中外,闻过则喜者大有人在。美国芝加哥大学,年仅三十的罗勃初担任校长,流言四起,因其出身低微,阅历浅薄,成为新闻界的众矢之的。但他没有灰心丧气,更没有恼羞成怒,而是收集了批评他的话语,认真地反省自己,并一心扑在学校的管理上面,终于成为芝加哥历史上有名的校长。

感谢他人的指正,减少自己的过错。就拿这次的作文来说吧!我写了一首绿色童谣交给老师,几天后,老师拿着本子,笑眯眯地对我说:"写得不错,只是这里要稍加修改一下就更好了。"我谦虚地接受了老师的意见,到了比赛那天,我的诗歌派上用场,并得到了好评。我尝到了闻过则喜的硕果。

闻过则喜是一种修养,是一种胸怀。"忠言逆耳利于行,良药苦口利于病",谁都有缺点,都会犯错。"金无足赤,人无完人",唯有认识自己，读懂自己，勇于面对自己，才能完善自己，超越自己！

闻过则喜虽很难做到，可只要想做，它就可以成为你的伙伴，无时无刻不在你的身旁，让你奋发向上。

让我们闻过则喜，让人生之路走得更稳，行得更远！

我的梦在变小

洪望皓

梦想是什么？他是人生的灯塔，是成功的钥匙。他更能为青春时期迷茫的我们指引方向。我从未失去过梦想，但随年岁增长却在不断变化着。

也许大部分人的梦想是越变越大，但我的则是越变越小。

小的时候，看见田里耕作的机器，它有极高的效率。我问爷爷，这是什么。爷爷说："那是伟大的科学家们造福人们的发明。"我听后高声喊道："长大后我一定要做科学家。"虽然当时的我并不知道，这个梦想分量不小。

后来，亲戚带我到城里玩，我看见了城市的繁华，便对自己说：我以后要住在城里。到少年时期，我参观了几所名校，看见里面丰富的教育器材与资源，又决定自己未来的梦想就是能考进其中一所。接着，上了高年级，我看见我的梦想有些遥远，就定了一个当下的目标，以此作梦想：保持班级前三。

或许你要说，我被现实打败了，放弃了那些困难的梦。

其实不然，我没有放弃过那些梦，只是不用想太远，重要的是当下。我们要收起空想，讲实干，脚踏实地地一步步去做。只有这样，才能成就大梦。

我的梦在变小，我的心未放弃。

木兰溪情愫

阮思琪

从这里，淌出涓涓小溪；从这里，汇聚无数支脉。啊，就从这里起步，开拓着我生命的流派。木兰溪，您是我今生无法忘却的回忆！

——题记

初　识

我自小对水就有一份特别情愫，这或许源于祖祖辈辈生活在木兰溪畔。

自有记忆以来，木兰溪一直以其甘醇的清泉，哺育了世世代代的莆阳儿女，从未断绝。在我幼年时，一天风和日丽，夕阳绽放出最后一丝光芒，天空显得格外地蔚蓝！外祖母格外高兴，嘴里哼着不知名的曲调，携着我到木兰溪畔散步。我惊讶了，天底下居然还有和天空一样的"蓝"？木兰溪的水真蓝啊，一种深湛的蓝，和天空一样的蔚蓝。仿佛连潺潺的流水的声音也是蓝色的。木兰溪的水确实是蓝的，如宝石的晶莹，天空的纯净，兰花的幽雅！多年以后，每当我想起木兰溪，眼前总是浮现出一片蓝，让人心旷神怡的蓝，让所有纷繁复杂的世界顿时静谧下来的蓝！

厮　守

此后，有很长一段时间我经常独自一人来到溪畔，静静地厮守在木兰溪旁，什么事也不做，就为了一睹那片蓝，就为了聆听木兰溪喃喃私语。有时，我也会忘乎所以，赤足站在水里，让微凉的水意湿淋淋地沿脚踝而上，爬满心窝。我静静地站立着，不思不想，不感慨，面对水，原本就无须抒情，我就只想这样静静地把木兰溪全部装进我的脑海里，只属于我一个人的。

黄昏时分水面铺满一层金光，微风拂来，水波漾起，仿佛是一朵花在粼粼开放；风拂远，水波又渐渐平了，又似花在粼粼凋谢。此情此景，我仿佛又回到童年的想象。木兰溪，您将是我一生的挚爱，我将会用我的一生来呵护您，我愿与您厮守一生。

哭　泣

有人说，现在的兰溪水一点都不蓝，我哭了！我听到木兰溪那无语的哭泣声，是那样的悲，是那样的凉。她那纯净的蓝早已褪色，取而代之的是褐色，令人心碎的褐色！

原先，溪里许许多多五颜六色的鹅卵石历历可见，碧绿的水草，欢快的鱼儿们，忙碌的虾蟹……人们也不甘寂寞，有的在河中玩水嬉戏，有的在钓鱼抓虾，有的在溪边洗刷衣物，有的在绿树成荫的堤岸上悠闲地散步。一切都是那么悠闲自得。我不由得想起"采菊东篱下,悠然见南山"。可是曾何几时,我心中的木兰溪病了!

我们再也看不到小鱼、小虾那开心的笑容了。沿岸工厂林立,叫声喧嚣。河岸垃圾遍地可见,苍蝇"嗡嗡"四处飞舞。水面上泛着褐色泡沫,发出阵阵恶臭。只有那淘沙机还在日夜不停地运转着……人们也捂住鼻子匆匆逃离,不知是难过,还是伤心!

希 望

为了让母亲河不再哭泣,为了让木兰溪恢复蓝色,我们应当赶快行动起来,净化美化我们的母亲之河。我们应该立刻停止乱砍滥伐,植树造林,涵养水源,保持水土。我们更要严禁把工业废料、废水和生活垃圾、污水排入溪里,还母亲河健康的肌体,让母亲河更加美丽动人。我们每一个人都希望能够再次看到比天空还蓝的"兰溪",我们每一个人都希望能够再次聆听溪水动情咏唱!

后记:啊,无论走向何处,眼前总是晃动一片碧态;木兰溪啊,我这颗心,永远搏击着你不息的血脉。您是我一生的牵挂!

问渠那得清如许

于文扬

千年古县尤溪,我美丽的家乡。我爱这片热土,更爱热土的朱子文化。

　　来到尤溪，要了解朱子文化，如果不去朱子文化园一游，不到朱熹爷爷的出生地一看，就像到北京不看天安门和故宫一样，会留下终身的遗憾。

　　参观朱子文化园的最好时间是下午，晨雾早已散去，中午的酷热已过，河面上时不时吹来湿润的风，令人神清气爽。让我们从红卫场出发，慢慢走上那座带菱形图案的古老石桥，在桥心向右边眺望，映入眼帘的是一片清新的嫩绿，衬着一排古色古香的建筑，整个公园一览无余。两棵巨大的樟树在刹那间占据了整个眼球，那就是朱熹爷爷当年亲手种下的，至今依然笔直地驻守在那儿。

　　近些，再近些！不知不觉之中已然走过了桥的后半程，那雄伟的拱门已经立在眼前。看，园门口的罗汉竹正用它细嫩的枝条向您招手呢！步入园中，四周的植物招来清新凉爽的风作为见面礼，往前五十余步，眼前出现了一片广场，正中一尊铜像迎风而立。头戴纶巾，身着素袍，目视前方，左手捧着一卷书，那是朱熹爷爷的铜像，栩栩如生，好一派圣人之姿。

　　再往前些，出现了一个庭院，抬头看门上的牌匾上书四个大字：开山书院。步入院中一股书香之气迎面而来，下堂广场上趴着一只赑屃，驮着一截石碑，上面刻的是《开山书院详定章程碑序》，阐述程朱理学的传播过程，书舍里陈列着明清时代的文房四宝，更为整个庭院增添了文化氛围。这是朱熹的学院，是后人传播朱子学说的地方。今天的文公幼儿园、文公小学、文公初级中学传承了它的精髓，将儒家思想传输给孩子们，使朱子文化生生不息，源远流长。

　　忽然，耳边传来孩童读诗《观书有感》之声，虽是电子播放，仿佛置身宋代朱子学堂。循声走去，来到了朱熹爷爷的学堂——南溪书院。前院便是那诗中提到的半亩方塘，朱熹爷爷小时候读书的地方。塘中一群鲤鱼跟随着游人的脚步在水中画出一条条美丽的彩带。右边是一个圆拱门，拱门那边就是那两棵老樟树，可以透过院墙看到它们粗壮的枝条。穿过拱门，和这两个巨人零距离接触，震撼与敬畏油然而生。靠着那几个人都抱不过来的树干，听着风吹树叶的沙沙声，身心一起陷入了一种美妙的宁静。

不知何时，天已经慢慢暗了下来。灯，亮了，把园中照得一片金碧辉煌，耳边又响起了那稚嫩的声音：半亩方塘一鉴开，天光云影共徘徊，问渠那得清如许？为有源头活水来……也许正因为尤溪的美，才有朱子源源的活水吧。

临别之时，心中是不是有些不舍？没关系，就把这当成你的心灵故乡吧！回去之后别忘了告诉亲朋好友"我家在景区，度假来尤溪"哟！欢迎您的再次光临。

魅力福州

沈子博

福州，一座有着两千两百多年历史的古城，它的风景、人文无处不充满了魅力。走进福州，就好像走进一幅古老的画卷。

福州城的魅力，在于历史悠久的三坊七巷。三坊七巷是福州地标，走在三坊七巷青石铺成的小路上，你会感到身心无比轻松，看着身旁朱漆的大门，青铜制的门环，飞起的檐角，马墙黑瓦的马鞍墙，雕花精致的窗扇，这条古街的景物散发出古老的气息，见证了福州两千两百年的历史。这儿的人们十分宁静祥和，年过八旬的老人在下围棋，儿童们"忙趁东风放纸鸢"，各种特色小吃香气四溢……三坊七巷古老的人文景观，能让人感受到福州的魅力。

福州的魅力在于景色秀丽的西湖公园。阳春三月，置身西湖栈道，春风拂面，微风吹皱碧水，点点波光闪耀，岸边柳丝摇曳着纤细身姿，淡淡的柳叶编织着如烟画面，天光水色柳影，把西湖浸染得妩媚而温情。西湖美丽的景色能让人联想到宋代大文豪苏轼的《饮湖上初晴后雨》："水光潋滟晴方好，山色空蒙雨亦奇。欲把西湖比西子，淡妆浓抹总相宜。"身在美景之中，让身心的疲惫化为乌有。老人在这里跳舞、舞剑，孩童们在这里玩耍，年轻人在这里慢跑，一切都充满着活力。西湖的美色与充满活力的人们，能让人感受到福州的魅力。

福州的魅力，在于挺拔清净的鼓山。沿着鼓山的石阶，拾级而上，别有一番滋味。石道两边树木成荫，阻挡着阳光的热量，清凉舒适，偶尔山风徐来，空气中跳跃着惬意，一切安乐无比，摩崖石刻是一路最精彩之处，它们或立于高耸之处，或隐匿于草丛之间，或大片泼墨，或零星点缀。各色书体亦是应有尽有，楷书工整肃穆，行书浑然一体，草书游走龙神，隶书端庄大气……边走边驻足欣赏其中的韵味思绪，脚下生风，如沐春风。不久便到达瞭望台，适逢太阳西下，朝霞浸染天边，俯视眼下的福州，城市之大气，沉淀之厚重尽览无余。生活在鼓山的人们热情地招待赏景的游客们，为他们介绍鼓山。挺拔雄壮的鼓山与人们的热情好客，能让人感受到福州的魅力。

福州的古老历史，福州人的亲切友好，福州的清新空气、秀丽风光，无处不展现出它的魅力。

幸会，再见

今昔"中洲岛"

肖裕昕

中洲岛，是闽江在福州市区内的一个沙洲，由解放大桥连接台江区和仓山区两岸，被誉为"南台明珠"，远远望去像一艘巨大的航船停泊在闽江中。现在我每天在学校和家之间往返时都要从它身边经过，看到它现在的模样，心中常涌起无限的感慨。

梦幻的中洲岛

读幼儿园时，中洲岛在我的心里就如同梦境里的童话城堡。每次进岛游玩，都带给我无限的快乐，碰碰车、海盗船、吃烤串、观闽江夜景、看焰火……而我记忆最深刻的一次，是在岛上套圈套中一只小瓷天鹅的经历，那时的中洲岛晚上人流如织、灯火通明。

"看，那只天鹅多漂亮啊！"在变幻的霓虹灯光的映射下，台上奖品中一只小小的瓷天鹅仿佛正在梳理羽毛，并准备展翅飞翔。当时我一下就被它迷住了。万般恳求下，终于征得大人的同意，获得尝试套圈的机会。我记得当时拿着圆圈觉得应该很容易，就有模有样地学着身边大孩子随意地扔了出去，飞出去的圈子横七竖八乱飞，其他人有的很快就有斩获，而我很快手上就只剩三个圈子了。身后传来爸爸的提醒："就剩三个了。宝贝，要像打水漂一样扔出去。"我不禁低头看了看手中宝贵的三个圈子，全神贯注地瞄准了那只准备昂头起飞的瓷天鹅。一下，"哎呀，投偏了！"又一下，还是没中。只剩下最后一次机会了。我的内心在不断祈祷着：天鹅！天鹅！你愿意跟我回家吗？我回头望着爸爸和妈妈，希望他们能伸出援手，帮我投中这只天鹅。但他们只是注视着我，微笑着冲我点点头。我的小脑袋瓜子虽然在飞快运转，但是一片空白，也不知要怎么办。看着前方的目标，我屏住呼吸，手上收了点劲儿再次将它掷了出去。在我的记忆里，这个时刻的圆环如同电影里播放的慢动作一样，在空中一边自行旋转着、一边闪烁着光芒。它满载着一个孩子此时此刻全部的希望，飞向了前方。

"那个孩子套中了！"身边的声音传入我耳中的时候，我已兴奋地跳了起来，所有的喜悦都在一瞬间涌上心头。身后爸爸的大手也高兴地把我抱了起来，在空中旋转，我感觉自己仿佛就是一只刚刚学飞的天鹅，在空中飞翔着、旋转着。回想起那个时刻好像仍然还有一点眩晕的感觉。啊！中洲岛的小天鹅，感谢你让我体会到了成功的快乐！让我拥有了如此美好的回忆！

现实中的中洲岛

手中的瓷天鹅随着我的成长，好像渐渐变得越来越小，慢慢地被我束之高阁，放在书柜的角落里。而中洲岛也在社会的进步中逐渐被大家淡忘，往日的繁华只剩下夜间远眺时的彩灯。

在一次放学回家的时候，我让妈妈拐进中洲岛。满怀着憧憬与多年未见的老朋友相见。一进岛我就震惊了，原本漂亮的建筑和立着雕塑的栏杆已破败不堪，原本闪烁着诱人灯光的游乐场早已拆除，只留下一些棚屋还能依稀分辨出原来的用途。中洲岛已被改造成了批发市场,难怪有人称其为"地摊岛"。在夜幕逐渐降临的时候,行人都匆匆离去。各家店户也都在抓紧时间收拾着摆在店外的一箱箱的商品,有的已拉下闸门。原来夜间人来人往的江中闹市如今变成了人烟稀少的僻静角落。原本的一切,童年的记忆,都烟消云散了。只剩下闽江中的流水日复一日、年复一年,依然奔腾如故。

世间的变迁、时间的流逝,让"中洲岛"这艘航船伤痕累累,但我觉得它仍在执着地前行,因为岛上的商户们每天都在勤劳地日出而作、日落而息地经营着自己的生活,他们就如同航船上的个个零件,让中洲岛继续发挥着自己的作用。这世界、这人,不是也同它一样吗?

当我和妈妈离开时,天色已全黑了。我还在回想刚才的所见,突然听到妈妈的声音:"你回头看看吧!"岛上的景观灯瞬间已全部开放,在夜色中炫彩的灯光和耀眼的房屋让中洲岛仿佛又变回我记忆中的它。

人体手风琴

黄馨颖

大家平常见到的手风琴有七根弦,两个支架,而在我这里则有一个有一间教室那么长、高低交错的琴!你们猜,它是拿什么铸成的?

没错,它便是人体手风琴。它由七个高低分明的小朋友组成。而小朋友们伸出的手掌便是琴键了。琴键们有的高,有的低,有的短,有的长,还有的像活生生的鸡爪。这样"整齐"的手风琴不知音色如何呢？

我小心翼翼地碰了碰Do的琴键，这个键就像放了几十年的老琴一样，发出低沉而又沙哑的"嗯"的声音，下面的观众乐了，笑声充满了整个教室。

我威胁Do小朋友："如果你再不好好发声，我就会用螺丝刀好好修理修理你的弦。"刚才还嬉皮笑脸的Do马上面色一变，端正心思，唱了个男低音："DoDoDo…"台下立刻传来一阵阵排山倒海般的掌声。

我又按了按Re，Re小朋友居然不发声，过了十秒钟，她似乎才反应过来，唱了个"Re"，台下的观众们也被反应迟钝的她逗乐了。"Mi、Fa、So"这三个音阶都挺准的，等试到La这个音阶时，他竟然发出"La Xi，La Xi"这样的声音。

"你想拉稀？"我问La小朋友。他摇了摇头，我怒了，冲着台下叫道："上螺丝刀！"在这间不容发之际，La小朋友连忙叫道："LaLa……"我瞪了他一眼，冷哼了一声，"这次就不修了，下次你可得唱准！"试音阶段到此结束，有请A琴手上台演奏。

琴键们目送我走下舞台，不禁露出如释重负般的微笑。

我在心里暗叫糟糕，连忙转身举起手中的螺丝刀，琴键们立刻傻眼了，只得乖乖地认真准备表演。

A琴手轻快地跑上舞台，如蜻蜓点水一样敲击着琴键，琴键们奏出的乐曲也十分曼妙，恰似一个欢快的小精灵，时而起，时而落，时而升，时而降，时而冲天，时而落地，时而化作点点银光，飞入浩瀚星空中。教室里静寂无声，也不知是谁先鼓起掌，观众们才炸开了锅，无人不叫好。我也沾沾自喜，看来螺丝刀还是挺管用的。

这次的音乐会圆满结束了，不仅我脸上有光，琴键们也十分自豪呢！

幸会，再见

功夫不负有心人

林轩旸

肖邦青少年国际钢琴大赛，这是迄今为止我参加过的最大的钢琴赛事之一。还有几天就要比赛了，我却并不紧张：已经练得滚瓜烂熟的曲子，为何紧张？

母亲却似乎比我着急得多，拼命地要求老师给我加课，累得我每天作业都赶得慌。

要比赛了。一路上，天气不是很好，阴雨绵绵，令我一直没法集中注意力想曲子。到了赛场，我胸有成竹地坐下来，听着一个个对手弹出一个个错音，紧张地上下台，我越来越有信心。

突然，有一个选手气势如虹地走上台。哗！一个个华丽的和弦、一段段优美的旋律……我开始心虚了，大杯大杯的水灌下肚，紧张地等着自己的表演。

终于轮到我了，起身，上台。窗外的小雨还在下个不停。我坐上钢琴凳，手放上琴键。咦？我的身子怎么在发抖？算了，开始弹吧，我告诉自己。一开始，我成功地用几个帅气的和弦将评委吸引住了，可突然，我的手指滑了一下。啊！一个"绚丽"的错音！我又开始浑身发抖，琴键在心中也没了把握。

默默地下了台，我有种生无可恋的感觉。最终，我以晋级名单中最后一名的成绩进入了决赛。

天无绝人之路啊！我开始异常认真地练琴，把每天所有的娱乐时间都用来练琴，不让自己有一点点放松。

决赛那天，天气一样是阴雨绵绵，却再也不影响我的心情了。运气不太好，抽签抽到第一个，但我是带着微笑上场的。

微笑着向评委鞠了一躬，我开始欢快地弹奏。一个个美妙的音符在我心中、在评委与听众的耳中绽放，一个个厚实的和弦在所有人的心中炸开。真是一场完美的音乐会啊！

酣畅淋漓地弹奏完三首曲子后，我帅气地站起身，台下响起了雷鸣般的掌声……

最终，我在全场三百多名选手中脱颖而出，获得了银牌！功夫不负有心人哪！

是啊，不付出，不全心付出，怎么会有收获呢？微笑，源于实力嘛！

窃 唱 记

许琳煊

"这都是些什么乱七八糟的歌啊！小孩儿就要唱小孩儿的歌！"妈妈又开始"千篇一律"的"说教"。我是一个喜欢唱流行歌曲的小女孩儿，可妈妈总是让我去唱一些"少儿考级"的标准曲目，我可不是为了考级而喜欢唱歌的，我是真的喜欢唱歌！唱一些悲伤时能够安抚心灵的歌，唱一些快乐时能使人兴奋狂热的歌，唱歌就是那么神奇，许多无法用语言表达的情感，歌声却能表达得淋漓尽致！

为了逃避妈妈的禁令，我常常偷偷地趁妈妈不在的时候唱，我把这种偷偷地唱歌称为"窃唱"！

有一次，我独自和爷爷奶奶去旅行，中午休息的时候，奶奶有事要出门，听到房间的门"砰"的一声关上了，我就刺溜一声，从床铺上跳下来，四处张望，生怕下一秒就会有人从我身后冒出来，我突然有了一种做贼心虚的感觉。我穿好拖鞋，迅速抓起手机和耳机，飞也似的钻进卫生间，把门关上。在卫生间唱歌是个非常明智的选择，因为空间小，门窗又紧闭着，只要说一句话，就会扩大三倍，产生回音，这功能简直可以与录音棚相媲美了！

于是，我抓紧时间，戴上耳机，挑了一首现在最流行的歌，听着手机的伴奏，如痴如醉地唱起歌来！一首、两首……有时激情似火，我会手舞足蹈；有时忧伤低沉，我会略感悲伤。就这样，我独自在音乐的海洋里遨游。突然，我感到有一个黑影慢慢向我靠近，我停止了歌唱，心跳加剧，回过头一看，吓了我一大跳！原来是奶奶，不知道她什么时候已经站在了我身后。"啊！"我惨叫一声，连忙把手机和耳机揣进口袋，我感觉脸上火辣辣的，只能不好意思地"嘿嘿"一笑，就想夺门而出。"你在干什么？"奶奶问我。"我，我……我在上厕所。"我吞吞吐吐地回答道。"我早就听见你在唱歌了，敲了半天的门，你却浑然不知，就当我不存在似的。"奶奶面带笑容地说。我小心翼翼地说道："对不起，奶奶，我下次不敢了！"奶奶笑嘻嘻地说："没关系，想唱就唱，我不会告诉你妈妈的！"我心里的石头终于落地了！

每一次窃唱，我都胆战心惊，但是每一唱完，我都一身轻松！每个人都有自己喜欢做的事情，有时候并不会被别人理解，但只要不断去追求，就能把它做好。我喜欢唱歌，不论是在舞台上放声歌唱，还是在厕所中独自窃唱，我的歌声就是全世界独一无二的！

别怕，再向前迈一步

陈芷璐

生活常使人为难，没有把握的事情畏惧不前，没有人踏足过的土地不敢涉足……这都是生活的"难题"。可是有时，你只要相信自己，再向前迈一步，就会收获意想不到的惊喜。

我有写文章的爱好，写的作文、小说也常常获得老师的赞扬。虽有试过校园杂志里投稿，但却始终无法得到编辑的青睐，我写小说的步伐不禁慢了下来。我对朋友说："我觉得该放弃了。"朋友吃惊中带着惋惜，却不知如何劝解。

我又收到了投稿的邀请，主题是我所擅长的。我兴致勃勃地写好，但看到书桌旁那份退稿信，一下子又犹豫了。我去找朋友："怎么办？我懦弱得不成样子，一个小小的投稿，竟也宛如天翻地覆一般手足无措，畏惧不前。"朋友真诚地说："你一定要投，这种适合自己的题目千载难逢。何况，你这次如果不迈出这一步，以后就更不敢了。"我仍旧愣愣望着窗外的风景出神，朋友见状，便披上外套，挽住我的手："走，我带你去散心。"我顺从地站起身。

那时正值冬天，冷风刺激着鼻腔和皮肤，我漫不经心地左顾右盼，正如我那颗摇摆不定的心。朋友故作轻松地指着光秃秃的枝干说："你瞧，这棵树上有多少叶子？"我望着光秃秃的枝干，心里五味杂陈："什么也没有。"朋友温润地笑了："可我却看到，这棵树上的叶子数不胜数呢，只是它们埋在枝干深处，等着来年春风拂过，便来到世间随风摇曳。这和写作一样，一两次的失败宛如寒冬，可你第三次的成功已经埋在枝干里了，你若不勇敢地向前迈一步，就像挡住了它的春风，叫她如何发芽呢？"我忽然笑了，眼里闪烁着希望的光芒！

次日晨，我站在邮筒前，将我的"枝干"寄了出去，渴望着春风抚来，绿叶满枝头。

多日后，我的文章赫然出现在校园杂志的第一页，我自己都想不到，还被校长表彰了。朋友后来说，她看着我站在台上，笑意盎然，宛如冬日里的曦风。她由衷地鼓掌，为我感到骄傲，为我毫不畏惧地迈出那一步感到骄傲。她还说我的枝干终于度过冬日，抽出新芽，在春风里徐徐摇摆了。

人生有时候就是这样，失败与成功混杂着汗水。你无须恐慌、无须犹豫，只要在彷徨之时迈出那坚定、不容动摇的一步，你的人生，便会在春的枝头绽放。而最关键的是你迈出那一步时，绽放便和成功一同站在了你的身旁！

我们班的流行风

黄雨诗

我们班的流行风属于龙卷风性格：猛地向某方面某样事物划过

去，一阵风卷残云，就又不知向哪儿去了。可在四年级时，在长时间的流行性反复性玩具——弹力球身上，引来了我们班的又一股流行风。

不得不光荣地说，这件事由我引起。经过约四年的观察，我发现具有反复性的流行物只有弹力球与编绳。于是经过漫长的等待与准备，我开始了我的经商生涯——卖起了弹力球！乘着弹力球"复热"之机，我从网络上进了一百个球。到货后，我便带着它们去了学校，并定了价：抽一个五毛，挑一个一块。

一连几天，我的生意都兴旺极了，买的人络绎不绝。我收获了人生自己赚的第一桶金！而这引起了张子欣的羡慕与注意。一天正当我优哉游哉数钱时，一个头伸了过来，"雨诗，你最近忙什么呢？哪来的这么多钱？"我便把几天来的经商经历讲了一遍。"哦？是这样啊！"张子欣点了点头，似乎若有所思。

我在经商方面确实是起了带头作用！因为过了两三天，张子欣带了一文件袋的本子、贺卡……来卖，生意比我是"有过之而无不及"！我郁闷极了。

又过了几天，王子欣、周语涵又仿着张子欣来卖文具了。一时间班上"商人"无数。但好景不长，不知为何，这事竟然被班主任陈老师知晓了！

在某一节音乐课，我们几个"商人"被骂了一节课，站得腰酸背疼。然而，心却更痛！原来，老师不仅要求我们不许做生意了，还得每人交五元充班费！天！这股买卖流行风来得快去得也快，前后也就一周多一两天。很快，这个话题也像烟蒂一样，渐渐熄灭了，从此销声匿迹。

卖东西让我们"受益无穷"，但这股流行风因为扰乱班纪，被老师无情挡在了班门外，只有那"经商梦"仍一缕缕一丝丝地，在我心中盘桓、酝酿着……

做饭趣谈

林 珺

由于本人近日沉迷于《舌尖上的中国》无法自拔,于是秉着"反正闲着也是闲着"的心态,于一个不平凡的日子开始了一段不寻常的做饭经历。

我系着围裙,盘起头发,戴上袖套,往厨房里煞有介事地一站:诶?还真挺有模有样的呢!接着我又查看了冰箱里的食材,便决定了我接下来要制作的"绝世菜肴"——鸡蛋饼。

我兴致勃勃地从冰箱里拿出食材:鸡蛋、葱和胡萝卜。然后从橱柜里取出了菜板、菜刀、调味瓶与食用油。首先我用水先把蔬菜给洗了——我可是一连洗了三回呢!毕竟干净才可放心食用哦,亲。接下来啊,我把葱和去了皮的胡萝卜放置于菜板上,菜板前,手持菜刀的我跃跃欲试。

我挽起袖子,准备大干一场。只要"唰唰"几刀下去,那小小的葱和胡萝卜岂不得拜倒在我的石榴裙下!呃,可是我刀法确实略显笨拙,胡萝卜丁成胡萝卜片了,葱花成葱条了。各位见笑了!但是,小小困难无伤大雅,将就呗。下面才是展现我真正技术的时候。姑娘我一个轻盈地转身,从桌上拿了三个鸡蛋,轻敲碗边,三丝完美的裂痕出现,我两手一掂,鸡蛋顺利落下!完美!我又用筷子将鸡蛋搅拌均

匀，橙黄的液体映入眼帘。干得那叫一个漂亮！最后我把切好的东西放入蛋液，准备工作正式落下帷幕。

锅里的油当时正"滋滋"地欢快闹腾着，我却在"千里之外"，手持装有蛋液的碗，内心无限恐惧：怎么办呀？油不会溅我脸上来吧？哎呀不管了不管了。我心一横，手一伸，当机立断地把蛋液倒进了锅里。咦？竟然啥事都没，真是虚惊一场！我长吁了一口气。等等，我一拍脑门儿："完了！我这个大马虎啊，盐巴忘撒在蛋液里了！"我连忙去桌上拿，想趁着锅里的液体未凝固之前好好补救一番。可往往事与愿违，有句话怎么说来着，"屋漏偏逢连夜雨"，真是太贴切了！我这边盐巴忘撒了，那边的鸡蛋快烧焦了，倒酱油的时间又该到了，我手忙脚乱地翻箱倒柜，拿着盐巴酱油跑向锅，居然又惨遭自己方才洗菜弄湿的地板报复，结结实实地狠狠摔了一跤，盐巴还撒了一地，于是，我的惨叫，响彻云霄。那漂亮的一字马啊……你说我惨不惨？

做饭可不容易，曾信心满满的我望着一片狼藉的厨房，神色黯然。唉！

放烟花　乐趣多

郑思凡

人人都说："如果过年不放烟花，那这年就算白过了，一点年味也没有。"这不，我和我那帅气的老爸买了一麻袋的烟花，有摔炮、足球炮、二踢脚、亮眼炮，望着这些烟花，我爱不释手，心想：这些烟花会给我带来很多乐趣，我要过一个噼里啪啦的年。

吃完了美味而又充满爱的年夜饭后，领到了一份又一份充满长辈对我们关心的红包后，我拉着爸爸，像离笼的小鸟向楼下飞去。望着那一麻袋的烟花，我想：我的乐趣可就寄托在你们身上啦。请不要让我失望呀！

我迫不及待先拿起了一个足球炮，点燃导火线，便飞快地把它扔到地上去。可是，不知道是风太大还是老天爷存心和我做对，足球炮扔到地上竟然熄灭了，它不响了。我只好再次拿起它，把它点燃后扔到地上。这次，足球炮终于炸响了，吓得我连连后退。接着，我拿起一个二踢脚，心想：电视上面的人把二踢脚耍得可灵活了，可我还是个新手，玩这样的烟花还不被炸着了！可是，我还是决定当一回顶天立地的男子汉。我拿起二踢脚，点燃导火线，飞快地跑开了，二踢脚飞上天空，爆开了一朵花，可美了，把我迷倒了。连这种炮仗我都敢放，看来我已经是放烟花高手了！我又往地上扔了一个亮眼炮，一瞬间，地上散发出的光芒让人睁不开眼，看了看地上的烟花，心想：烟花不多了，放完了妈妈就不会再给我买了。算了吧！还是留一些下次再放吧。

第二天，我又想放烟花了。我凭着三寸不烂之舌说服了妈妈，昨天放烟花放厌了，今天就来点特别的吧！我找了两根棍子，又找来了光彩夺目炮，把它夹在棍子上，又找来坏了的望远镜，装在光彩夺目炮上，点燃导火线，跟我想的一样，这组合成了加特林机关枪，我高兴地抓住柄，火药就像子弹一样噼里啪啦打了出去，小区里的猫狗都被我吓得落花流水。一条狗竟然火了撒腿来追我，我拔腿就跑，眼看就要追上我了，千钧一发之时，我跑进了单元门里，关上大门，小狗在外面汪汪叫着，仿佛骂我是胆小鬼，我暗自庆幸，幸好自己跑得快。

这个春节，烟花没有辜负我的期望，为我带来了一个快乐充实的春节。同时，我也明白了：放烟花也要有个度，不然会乐极生悲。

欢乐的周末

杨思琦

要论学生党最爱的日子，想必就是周末。在周末，你可以去放放风筝，可以去骑骑单车，可以去看看电影，也可以听听音乐。你们的周末是怎样过的呢？我的周末可是多姿多彩的哦！

星期六的早晨，阳光拥抱着大地，花儿像被洗礼了似的，娇嫩的脸蛋儿上沾满了晶莹剔透的露珠。"叽叽喳喳"，天空中传来鸟儿欢乐的叫声，是不是在讲什么悄悄话呢？难道它们知道今天我要和我的几个小伙伴们去中山路玩？

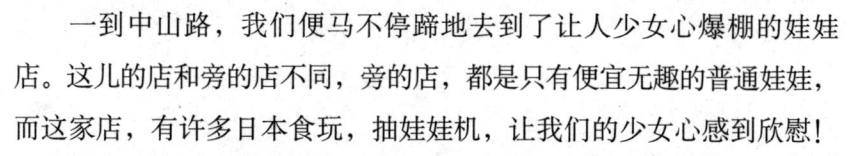

一到中山路，我们便马不停蹄地去到了让人少女心爆棚的娃娃店。这儿的店和旁的店不同，旁的店，都是只有便宜无趣的普通娃娃，而这家店，有许多日本食玩，抽娃娃机，让我们的少女心感到欣慰！

我非常喜欢夹娃娃。身上的钱不多怎么才能把娃娃夹起来？这简直不可能！夹一次最多就二十秒。第一次，我前前后后对准了至少有五次。就是为了准确无误。只剩五秒了，我终于下定了决心。用力一按，夹子一摇一拐地下去，Yeah！我果然瞄准了。只见夹子夹住了那只可爱的寿司娃娃，寿司娃娃摇摇晃晃地被夹了上来。就快到洞口了，我在外面看到心急如焚，汗都滴成了一条河。"啪！"可这夹子偏偏这么不争气，在即将掉落的那一刻松开了。Oh no！我的心情一下子从高峰跌入到低谷。太可惜了。

　　没有关系，再来一次！我渐渐找到了夹娃娃的诀窍，那只寿司娃娃贴在洞口的玻璃壁上，夹子根本够不着。我只好放弃这只寿司娃娃，把目标转向另一个娃娃。这一次，我比上一次更加小心，对了好几次。我发现这只夹子一直摇晃，要等它定下来，又需要浪费时间。眼看着时间就要到了，我急急忙忙按了下去。想不到，竟阴错阳差地夹起来了。我顿时又开心起来，仿佛脚下踩上了一朵幸福的云。

　　在热闹非凡的中山路，我们左逛右晃，还去了令人垂涎三尺的美食街，也和许多雕像拍照合影。但是快乐的时光总是悄然易逝，渐渐街上的人越来越少，也到了我们分别的时间了。

　　这就是我开心的周末！真希望每天都是周末，这样我们就可以游遍全世界了。可惜，老师和家长是不会同意的。

最美的行囊

　　妈妈的唠叨是让人"心烦"的,却也是使人心暖的;妈妈的唠叨是让人"反感"的,却也是令人幸福的;妈妈的唠叨是平淡的,却也是最饱含深情的絮语!如果我的人生是一趟旅程,那么妈妈的唠叨就是最美的行囊,让这最美的行囊始终陪伴在我的人生道路上吧!

好爸爸

林仔萁

"鸟儿终究还是要飞翔。""人终究还是要成长。"父亲的这两句话我永记在心。

周末来了！爸爸骑着自行车载我出去玩。不知过了多久，我们到了一个较为平坦，较宽敞的地方，爸爸对我说；"小仔，你想学骑自行车吗？"我毫不犹豫地回答："当然想啦！"爸爸便笑了一下，摸了一下我的头说："好。"爸爸先让我坐上自行车的座椅，然后让我踩动自行车的脚板，我用力一踩，车像一只挣脱笼子的猛兽一样，直向前冲。爸爸用自己的脚踩住后跟将它又固定住了，自行车仿佛又被抓进了笼子。爸爸提醒我说："小仔，你怎么那么不小心，如果刚才我没在的话，你一定摔倒。"我听了以后嘟嘟囔囔地说："爸，我错了，对不起，爸你再教我一下吧！"我用乞求的目光看着爸爸，爸爸无奈地摇了摇头，继续教我了。他做了几遍的指导，我终于明白了！

我怀着忐忑的心情，小心翼翼地坐在前座上，回想起爸爸告诉我的话，不要一下使劲儿，要慢慢用力踩在踏板上，让车子缓缓动起来。爸爸紧紧跟在后面保护着我。我不禁得意起来，也没那么难嘛，脚底一用力，车子又突然往前冲了一小段，爸爸一个健步冲上来，想要拖住我的车子。我急忙调整呼吸，放松下来，车子又恢复了平稳，

还是不能大意啊，我不禁吐了吐舌头。爸爸看着我，脸上露出了欣慰的笑容。此时，太阳已经落山了，落日的余晖给大地披上了一层金色的纱衣。

每一个孩子，都可能在成长过程中遇到一些问题，可是如果你的身边有一位好爸爸，什么风浪都不用怕！

我闻到了橙子的味道

戴张洁

茶几上凌乱地摆着些水果。猛然间，我瞥到一个橙子，父爱的味道霎时涌上心头。

那是一个雨夜，大雨一直不停。我失魂落魄地拿着那张挂科的数学考卷，走回了家。似乎早已看出了我的伤心，父亲走了过来，他帮我放下书包。眼神中带着深深的心疼问道："怎么啦？"我一声不吭地走向房间，沉默着，泪水顺着脸颊滑下。

雨势更大了，雨滴发出无数声清脆的"滴答"声，窗外的树上有一片嫩芽，在大雨的摧残下耷拉着头，刚吐出的新绿早已泯灭了光彩，它试图抬头，却如何挣扎着也站不起来，它是那么脆弱无助。

双眼发呆，空洞之际，一阵淡淡的橙香从厨房传来，是那么的新鲜、甜蜜。香味近了，最终从父亲的手上递来——几片橙子。我接过盘子，看见小巧的它们，觉得很是别致可爱。先吃一片吧！我小心翼翼地取出，慢慢地放进嘴里，顿时，那浓浓的橙香染上鼻尖，充溢在嘴里。甜甜的，仿佛听到果肉炸开的声音，汁水伴着泪水吞下，直冲我的肺腑，刚才的失落无助仿佛被这橙汁冲得烟消云散。

抬头看看那片嫩叶，它好像抬起了头，但却又好像随时都要垂下似的。

吃着吃着，只剩两片了，回头看看今天的作业《为父母做一件事》，我能做什么事呢？苦思冥想，不如把剩下的橙子给父亲吧。推开门，把盘子端给了父亲，说："爸爸，你吃吧！"父亲一边推辞，一边笑着说："不不，你吃。"我拿起橙子，塞到父亲紧闭的嘴中，看着父亲一点点吃完，偶然却发现父亲的脸上已有了几道深深的皱纹，白发也不知何时冒出些许。父亲和蔼地看着我，把另一片也塞到我嘴里，与我共享这甜甜的橙子。霎时，我的泪水夺眶而出，混在这甜甜的父爱中，一起吞下，我的内心荡漾着温暖。

回到房间，雨已经停了，窗外一片生机，那片嫩芽竟抬起了头，新绿再次洋溢到它高昂着的头上，它是那么美丽，在它身上我仿佛找到了我一直寻觅的坚强与勇气。

拿起红笔，回想着嘴边丝丝的甜味，心中充满了温暖，我开始订正试卷，再次出发。

父爱也是细腻的，它伴着橙味一齐藏入心中，时刻激励着我前行。失败只是暂时的，阳光总在风雨后。此时，我正坐在考场，用往日的失败来书写今日的辉煌。仿佛昨日的橙味依然留在口中，与父爱一起伴我成长！

感谢那个为我提灯的人

敖钰婷

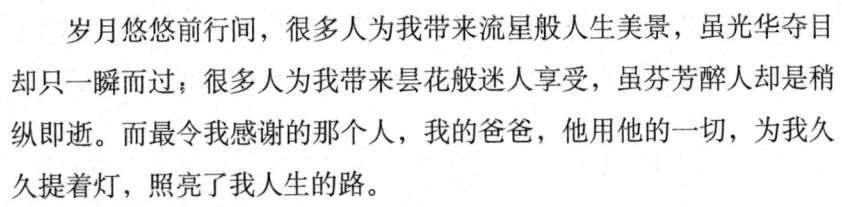

岁月悠悠前行间,很多人为我带来流星般人生美景,虽光华夺目却只一瞬而过;很多人为我带来昙花般迷人享受,虽芬芳醉人却是稍纵即逝。而最令我感谢的那个人,我的爸爸,他用他的一切,为我久久提着灯,照亮了我人生的路。

从小便怕黑的我,向来不喜独自走回家的那段没有灯的楼梯。而爸爸无论如何都会打着手电下楼接我,这使得我独自面对黑夜中楼梯的机会如我所愿地少之又少。每一次跟在爸爸的身后上楼,都能清晰地看到,透过楼道的月光温柔地洒在我们身上,映着手电筒暗白的光,勾勒出爸爸头上每一根发丝的形状。那时的我矮矮的个子,看着月光怎么也晕不白爸爸漆黑的发,只觉得那为我提灯的人高大而无敌。

后来的我晚上要念书做作业,突如其来的一次台风给我们小小的家带来了整夜的停电。黑漆漆的屋子里十分燥热,我的内心却因作业还未完成而拔凉拔凉。爸爸没有多说一句话,只是默默无言地在一旁为我打着手电一直到深夜。手电的光圈十分昏暗,但握在爸爸的手中却似乎又多了几分无言的明亮。时不时传来的爸爸的咳嗽声伴随着手电光圈轻轻地颤动,我抬眼便会看见,昏暗的光浸润爸爸的发梢,隐隐的几根银丝是那样扎眼。虽然骗自己那几根白发只是光照的错觉，但我心里已开始明白，那个为我提灯的人渐渐不再无敌。

再后来，我的偏科日渐严重，数学给我带来的烦恼一点一点把学习的万丈晴空侵蚀成黑夜。每当我对着数学题久久地发呆时，爸爸便会来细心教导。他总是很耐心很耐心，但天地良心他讲得是真的烂。但当我看见爸爸为给我讲题吃力地选择词汇，与我共同绞尽脑汁地思考，冥冥之中我的信心便会渐渐又被照亮，从他对我不停的鼓励中，从他几次解题速度比我慢中，我更加看清，原来那个为我提灯的人真的不是无敌。

我人生的路已被照得极亮，那是最令我感谢的我的爸爸为我照亮的一方天地，他并非无敌，却是用尽心思为我提灯，为我照亮，为我摆脱迷茫。感谢我心中最亮的人，那个为我提灯的人，感谢我的爸爸。

父亲的另一面

黄言韬

我爸今年四十多岁了，那逐渐凸起的肚子便是岁月的痕迹。

他是一位老师，教的是古板的政治，总是给人一种严肃的感觉。在记忆里我是被他训大的，但是等我渐渐长大才发现他的另一面，其实他是一个内心细腻的人。

去年我在三青实践基地军训，他竟然神不知鬼不觉地来到了这里。我看到他时仿佛是看到了神仙，一向告诉我要独立的人，怎么还会来看我？他虽然嘴上说的是要来观摩军训，但却装作没什么似的拿了好几瓶矿泉水放到了我们的宿舍里。我喝着他送来的水，不禁想，这还是我那个古板严肃的老爸吗？

今年，我们一家人启程到泰国旅游。这长达六天的行程又让我看到了不一样的他。当我们穿行在泰国错综复杂、车水马龙的公路上时，他竟一直拉着我的手要我小心。当我在芭提雅的碧水蓝天中撑着滑翔伞飞行时，却不知他正在降落处拿着一条毛巾等我。当我们在机场没有饭吃，饿得要命时，他却在飞机上把自己饭盒里的肉一片一片夹给我。六天的泰国之行，让我对老爸的印象有很大的转变。我的这个老爸，为什么如今却在干妈妈干的事？

回忆从前，看看现在，我才发现，原来爸爸是一个有着另一面的人，表面古板严肃，内心却温暖细腻。他不善言表，但还是一直努力把最好的给我，时时地给予我警醒。有时候，我会抱怨生活中的不如意，他总是用他那政治老师的口吻告诉我要学会换位思考。他是班主任，当我看到他在为学生一直忙里忙外的时候，我也看出来他有多么细腻。我爸之前的学生看到我都说："你爸爸好好哦，讲课讲得好，工作也做得好，长得又帅。"听到这番话时，我心中的自豪感是没地方掩饰的。殊不知，在我感叹电视中表演的那种父爱的时候，我发现我的身边也有这样的一位父亲，虽然不出众，但也正在全心全意地为我，为整个家努力打拼着。这就是我爸，虽表面古板，但内心细腻。

再过几年，我那古板而又内心细腻的爸爸就五十岁了。自从发现他的另一面后，我更加明白怎样去爱他，那就是，像他爱我那样，细腻地爱！

一片叶子

吴优

暖　春

枝丫上的雪化成水，小草从土地中探出头来，树梢萌发嫩芽，阳光普照万物，暖意融融，鸟儿从南方回到北方，站立枝头，高声鸣唱。冬眠的动物从睡梦中醒来，带着对新的一年的期许。

这是一年春时，万物复苏。森林里不再是冬天苍苍茫茫的素白一片，偶尔有粉红鲜花点缀林间，增添春意。河面上的冰化了，清澈见底，鱼儿在河中畅快地来回游动。

林中有一株矮小的树，上面只有孤零零的一片叶子，那片叶子很漂亮，虽然刚刚发芽，却已经能看出上面的纹路。周遭全是粗壮的树干，但一眼扫过去，小叶子格外显眼。

盛　夏

炽热的阳光照在大地上，森林里绿茵茵的一片，鲜花都尽情绽放了，引来无数蜂蝶。那棵矮小的树也长大了，虽然和其他的树比起来还是不起眼。

她的枝叶有些稀疏，而原来那片好看的叶子变得很大，褪去了刚刚发芽的嫩，绿得灿烂。他歪着头看着自己身边小小且少少的兄弟姐妹，心情怎么也好不起来。

他想了一会儿，对妈妈眨眨眼，期期艾艾地道出心中想法："妈妈……我能先到地上去吗？我有一件很急的事情。"

树妈妈只当他在开玩笑，并没有放在心上："怎么会有这种想法呢？不可以哦。"

叶子有些急了，他知道妈妈觉得好笑，但是他很认真，很严肃啊！他真的很急，语气都带上了几分急切："妈妈，我是说真的，我离开您可以吗？我想到地上去。"

树妈妈有些不耐烦，摇摇头："不可以！为什么想离开我，绝对不行。"

叶子蹙眉，晃了晃身子，试图让自己掉下去。可是树妈妈紧紧地牵住他，他动弹不得："妈妈！请让我下去，好吗？"

气氛凝固了，树妈妈狠狠地瞪着叶子："不可以！听到了吗？不可以！到了秋天才能离开我，现在说什么都不行！"

叶子很委屈，他张了张嘴还想说些什么，却又什么也说不出口。他只好安安静静地待在树妈妈身上，哪也去不了。

凉　秋

树叶已经开始变黄，枯萎的叶子簌簌飘落。那片饱含光泽的叶子也已经黄了，他低头看着妈妈，本来就不多的兄弟姐妹已经枯萎了大半，只剩几片已经变形的挂在树枝上，摇摇欲坠。

"妈妈，我要离开您啦……"叶子留恋地看着树妈妈，"其实夏天我不是想离开您，只是我不想看到您和其他树比起来那么渺小，似乎风一吹就会倒下，我成长得这么好，我想在我最好的时候进入土地，给您最好的滋润。"

树妈妈震惊了，她的眼中含满感动的泪水，她听见叶子说："妈妈，我要离开你了，请您不要生气……我没能尽到最好的孝心。"

叶子还未说完的话，消失在飒飒秋风中，他安安静静地落在地上。

落叶归根。

暮　冬

寒风凛冽。随着最后一片叶子的凋零，世界进入了皑皑白雪的冬天。树妈妈的树枝被雪压低，她吃力地承受着雪的压力，脸上却浮现一丝微笑。

她知道她的孩子会在春天再回到她的身边，虽然现在还是冬天……

可是冬天到了，春天还会远吗？

嘘，你听——春天的脚步已经近了。

菊　颂

康佳烨

秋色蒸发了绿意，染指了树叶；秋风吹红了枫叶，落满了花红；

秋阳暖熟了硕果，憧憬了丰收；秋雨敲醒了流动的古韵。这就是秋，一个古韵的季节。秋季的花，以菊花为最，一种傲然的花。

秋风萧瑟，百花凋零，唯有她立在枝头，犹如王者，更有梅花那坚强的品质。正是"不是花中偏爱菊，此花开尽更无花"。

菊花，我赞美你，更赞美你的色彩。走进你的天地，就如走进一片金黄。你的黄如阳光般耀眼；你的黄如金子般灿烂；你的黄如麦子般娇嫩。走进你的天地，就如走进一片雪白。你的白如白雪般晶莹；你的白如云朵般纯洁；你的白如棉花般柔软。走进你的天地，就如走进一片火红。你的红如夕阳般亮丽；你的红如苹果般香甜；你的红如柿子般诱人。啊！菊花，你如一条条锦缎，为秋天送上了些许的温暖；啊！菊花，你如一道道彩虹，为秋天递上了些许的绚丽。

菊花，我赞美你，更赞美你的香气。有人说"冲天香阵透长安"；有人说"穿透长安七里香"；有人说"蕊寒香冷蝶难来"；有人说"宁可枝头抱香死"。这就是菊花的香，淡雅的清香，如风、如雾。一阵轻风拂过，夹杂着淡淡的清香，让我们顿时感到神清气爽。一阵云雾撩过，夹杂着优雅的淡香，让我们顿时感到置身仙境。啊！菊花，你的香如一件纱衣，让人们心旷神怡；啊！菊花，你的香如一阵微风，让人们缥缈天际。

菊花，我赞美你，更赞美你的姿态。有的黄菊花似一株"金甲英雄"，只见她傲然地立在百花丛中，那片片的"铠甲"，那健美的英姿，啊！好一副英雄气概！"贵妃醉酒"如牡丹般的花瓣，重重叠叠，正中有个小圆球，上面还有许多顶起的小顺，像孔雀的头翎。

菊花，我该如何感谢你？我本想只取一朵小花，可你却给了我整个秋天。

是谁造就了强者的美？

陈 瑾

这是一片寂寥的沙漠，它看起来炎热，荒凉。但是在沙漠中心，却有着一大片森林，从空中鸟瞰，与沙漠形成了鲜明的对比，好似玉盘中的一颗光彩夺目的绿翡翠，美极了。

因为它是沙漠中唯一的"补给站"，所以常常受到人们的赞美。于是，森林中秀美的枫树林便渐渐骄傲起来，觉得周围杂乱的灌木丛挡住了她的美貌。

终于有一天，她对灌木丛斥责道："哼，你们快走，在这只会挡住我，让人们没法看出我的美。"听到这话，一棵灌木马上反驳："我中是你，你中有我，我们是一家人呀，你怎么能赶走我们呢？你没有我们还能在沙漠中生存？""怎么不行，我的生命力可强了，但我最不需要你们这些碍人眼的丑东西！"枫树林说着，不屑地扭过头。

灌木丛听了，默默地转身离去。小动物们见灌木丛离开，也四散逃去。枫树林见了，不以为然，仍说："我才不需要你们呢，这样，人们才会看到我真正的美。"不过很快她就自在不起来了！因为没有周围灌木丛的保护，她渐渐禁受不了风沙的侵蚀，脸上开始长斑，头发开始枯黄。沙粒语重心长地说："快去道歉吧！"而枫树林还是不知悔改，嘴硬道："为什么道歉？我又没错！"过了几天，沙粒又

说:"你知道是谁造就了你的吗?""我不想知道,反正我最美,我要一个人享受人们的赞美!"又过了几天,枫树林已经变得虚弱不堪,终于不再坚持,对风伯伯说:"风伯伯,请你把这片火红的枫叶送给灌木丛,带去我的歉意,请他们接受我的道歉……"

风伯伯把信带到后,灌木们原谅了枫树林,又重新回到她身边。沙粒语重心长地说:"记住,任何强者的成长都不只依靠个人的力量。集体造就了强者,造就了强者的美!"枫树林羞愧地低下了头……

之后,经常有路过的人对枫树林说:"你真美,这个大沙漠多亏有你啊!"但枫树林却红着脸说:"不只是我,还有那些在角落默默奉献的朋友们,他们才是最美的!"

秋天的第一场雨

吴若萱

下雨了。

和夏雨有些像,毫无征兆地,转头前还是灰蒙蒙的天,转回来时已是雨点遍地了。快要两个月没有下雨了,土地已经发黄,裂开许多细小的口子。石缝间的杂草和苔藓早已干枯,风一吹便支离破碎了。池水也已干涸,露出被烘得炽热的石块和池底。

现在,雨点急急地下落,填满了裂缝,住满了池塘。雨点急急地下落,把灌木打得歪斜。无数的小溪流从无数的叶子上滑落,在土地暗黄的表面上打出无数小小的涟漪。杜果的树叶轰鸣，桂树的花朵喧哗。

雨势越来越大。屋顶原本干得发白的红瓦片，被刷洗得暗红透亮。白壁也变得光滑。

一只黑色的小猫飞跃而起，穿过密密的雨点，飞快地钻入台阶下的缝里，喵呜叫着，扑进妈妈的怀抱。

外面什么也没有了。不论是猫、狗、鸟还是人，都在各自的家里，庆幸着自己在秋天第一个冰冷的雨天能如此干爽舒适。

雨把窗户的玻璃盖满，擦去，顷刻间又被覆盖了。拉开窗，雨喷淋而入。窗外，天白得晃眼。

雨小了，但还是下着。

和冬雨有些像，纷纷扬扬。房前的树上长着细细的叶子，叶子间开着圆圆的浅黄色的小花，毛茸茸的。可是这雨一飞，就认不清哪儿是树上的小花，哪儿是雨里的雨花。再睁眼看时，却见雨花已飘落到地下，而树花还都稳稳坐在枝头，相顾笑着。

雨，飘飘洒洒。斑鸠从草丛中探出头来，左右看看。过一会儿按捺不住了，便提脚钻出来，在草间东啄啄，西拨拨。找到几个籽儿，就扯开脚步走，又扯开喉咙"咕咕——咕咕——"地嚷。斑鸠的脖子后有细小珍珠一样的羽毛，但是在雨里，它的全身都披挂着大串小串的珍珠。

雨，淅淅沥沥，冷冷清清。夏的余热已被压在地下，和从前千千万万的已逝的季节，沉睡去了。现在只有秋的凉意。屋顶上，麻雀们挤挤地挨着，独来独往的红嘴蓝鹊昂然而立。墙头的杂草显得更高了。墙是冰冷的，雨珠四溅。

屋顶上不见了溅起的水珠，地上不见了小小的涟漪。空气是潮湿的。风一吹，剩下的水珠从树叶间倾泻下来，惊醒了房屋里的人。

人们出来活动了。溪边的石椅子被擦干，垫上了花花绿绿的裤子。院子的瓷砖上凌乱的枯叶被扫走了。晒了一半的衣服又被挂出来了。说话声、笑声、走路声又充满了院子。房屋里安静了下来，人都出去了。

屋檐上的水滴在晒衣服的杆子上，发出熟悉而久违的声音。这声音，孤寂、空灵。

秋天的第一场雨，下得秋意朦胧，告诉人们：秋来了！秋来了！

指尖的发

柯嘉欣

天凉，回乡。

我本不愿回外婆家。尽管一路上有鲜花绿叶，能看云卷云舒，但一切，到了外婆家，都成了唠叨。

小时候我倒常去外婆家。每天会看着外婆用小女孩儿式的皮筋绑自己稀疏的白发，但娴熟的手法没绑出小女孩儿式的头发，仅只一束利落的小辫，用老式的发夹卡着。那时候我短发，她长发。每次梳毕，她会从镜子里看站在她身旁幼小的我，然后皱纹里夹着笑意："妹妹现在还是短发，等长了外婆给你梳。梳的呀，漂漂亮亮！"然后她拉我坐在她的腿上，用梳子为我梳理，依然是那种老式的木梳。我看镜中的自己，期待的是长发以后梳了头发的自己，耳边响起温暖的声音："头发真顺。"

时间大概是为了我的期待，为了想让外婆为我梳一次头发，而走得很快，我已是飘飘长发。

外婆手腕上圈着一条鲜红的皮筋，新买的。然后她又把我抱在她的腿上，只是这次不是简单的梳理。她要为我梳一束爱与幸福。她一手拿梳子，一手有条理地为我揪起一小束，五个指头掠过我头皮，有舒服的幸福感。我从镜中看她，她的笑容仿佛漾起一世界的温婉。

我又捉摸不透时间了。

等我会梳头了，她的一切行为都成了拖拉，令我心烦。我不再从镜中看她，她却一次次从镜中看我。

我有自己的皮筋，自己的发夹，自己的梳子……她大概也意识到，老人的东西和小孩儿的怎能共用？梳头这事，于我，开始变得草率，再没有温暖之味。

几次不情愿地回外婆家，我都没见她坐在镜前梳头，我只见她头发凌乱，坐风中想象发丝牵引的未来，她说或许头发还没有全白，还没有全掉，她就已经走完头发之旅了。

这次回去亦如此。

我很清楚，我再不能有指间头发的温暖了。只不过，我很想为她梳一次头，然后五指中夹着她的头发，滑过指尖，体味温暖。

豆　腐

蓝子涵

黄昏的乡村小道上，铺满了细碎的残阳。稻草披着一件件柔软的金色绸衫守候在寂静的乡野。淡蓝色的袅袅炊烟飘飘洒洒，让我想起

了奶奶的纯手工绝活——做豆腐。

"奶奶，啥时让我们吃上您做的手工豆腐啊，我们可馋坏啦。"放长假我一踏进家门，就迫不及待地拉着奶奶问道。

"小馋猫，那还不简单，只是你要憋到明天才能尝到哦，它的工序烦琐，心急可是吃不了热豆腐的哦。"奶奶笑呵呵地摸着我的头说道。

奶奶领着我到储粮房，取了半桶的黄豆，加满水，让黄豆个个浸没在水里，想着明天就能吃到白嫩香甜的豆腐，心里甭提多高兴了。

第二天，我早早起床跟奶奶进了厨房，只见桶里的黄豆，一颗颗饱胀开来，像一个个胖小子，沉沉浮浮，可爱极了。奶奶娴熟地挑拣着浮在水面的劣质豆子，将挑好的黄豆舀进石磨的小孔里。

乡下的清晨，寒霜露重，丝丝凉意从门缝里，从窗户边悄悄地蔓延进来。

"小伙子，动起来。"奶奶拉着我抓起石舀杵和我一起顺时针往前推，边推边从桶里舀出黄豆再倒进石磨的小孔。豆迹斑斑的石磨，在清晨"吱，吱，呀，呀……"唱响了美妙的旋律。不一会儿，脚暖和了，额头沁出一层层薄汗，心更雀跃了。

奶奶转身点燃灶膛里的柴火，把磨好的生豆浆倒进大锅，大火煮开。十分钟后，奶奶掀开锅盖，顿时热气冲天，白浪滚滚，她拿起勺子把锅里的豆汁舀进事先准备好的铺着棉纱布的桶里，一勺又一勺，桶里不断升起浓浓水雾，豆汁曼妙的身影在桶中若隐若现。奶奶和我合力抓住棉纱布两个布角，打个结，一、二、三，将棉纱布提了起来，用石头压住，让豆浆和豆渣彻底分离。

"怎么还滴滴答答的？"我心中暗自嘀咕。

只见奶奶端来食用石膏，撒点到分离出来的豆浆里，豆浆立马凝固成片片晶莹的豆花。"嗖"的一声，一根筷子像离弦的箭笔直地插在豆花中央。原来是奶奶在试探豆花的成形度。我竖起大拇指："奶奶，你这筷子箭法好精准呀。""那可不是，这得靠长年摸索，可不是一朝一夕就能做到哦。"奶奶脸上的皱纹像绽开了花朵般。

奶奶将豆花一勺勺舀进铺着横格纹路的木框里，再盖上木板，再次用石头压住，挤出多余的水分，半小时后，奶奶搬开石头，掀开棉布，一块块鲜嫩洁白的豆腐如出水芙蓉般展现在眼前。

"磨砻流玉乳，蒸煮结清泉。"与奶奶携手合作的豆腐不仅白嫩如玉，豆香怡人，它更承载着我们浓浓的祖孙情。

待风华正茂的故土再孕育出青秧漫原的水田，麦浪滔天的粮野；待那梁上飞燕双归，屋檐下新雀和鸣，我依然期盼着奶奶那一碗飘溢着日月芬芳的豆腐。那一轮盛在小碗中的金黄圆月，捂暖了我们童年的记忆。

蝉·外婆·生活

吴嘉琪

"我缓缓地沿着小径走着，手轻轻地抚过含笑的草、点头的花。我似乎觉得少了些许……哦，是那悦耳的蝉鸣。

听外婆说，蝉的一生在伸手不见五指的地下过了大半载，真正属于它的光明却只有那个赤日炎炎的夏季。在夏天，大家都因酷暑而躲在家中，而蝉，却兴奋地在树枝上蹦来跳去，用它那饱含激情的生命奏出夏日的最强音！每天，蝉都用它那嘹亮高亢的歌喉来赞颂灿烂的夏季！当蝉独自一人放声歌唱时，那声音自由自在、无拘无束。也有场面壮观的集体大合唱，那声音如同战鼓，轰轰烈烈、洋洋洒洒。更像正演奏着贝多芬的《命运交响曲》，透着昂扬，令人热血沸腾。

如今，夏日将尽。蝉鸣渐渐地稀少起来：蝉的一生也将接近尾声。它的一生是短暂的，却更是幸福无憾的——因为它快乐！"

无意间，又拾起曾经的记事本。拂去上面落着的灰尘，伴着一股檀木柜子独有的香气，我重新翻阅起小时的记忆。

夏日，蝉鸣，檀木，一字一句，透过我那时尚显稚嫩的字体与笔墨，将我带回了以前。那里有不绝于耳的蝉鸣，枝繁叶茂的古榕，一缕缕带着朴实气息的炊烟，还有，外婆那总带在嘴角的一抹微笑……那是个平凡到不能再平凡的村子，那个地方，叫作外婆家。

模糊的记忆中，总是这般场景：阳光透过枝丫，层层叠叠地洒下一丝一缕零碎的光影。抬头，深浅不一的绿的海洋带着一种生机在清风中荡漾，此起彼伏的蝉鸣和着微风飘散。不知过了多久，远处传来饭菜的香气夹带着外婆的呼唤："丫头，开饭喽""唉！"匆匆应一声，便撒腿朝家跑去。夕阳将一切都镀上金晖，远远看见外婆在家门口笑盈盈地等着我回来，带着慈爱。逆着阳光，一切都像一幅很美好的画卷，很温馨，像港湾。

记得的，几乎都是在夏日。操劳大半天后的夜晚，搬一张躺椅，执一把蒲扇，伴着藤椅吱吱呀呀的低吟与那不绝于耳的蝉声，外婆便晃晃悠悠地同我讲述着那些神秘的、悠远的老故事："很久很久以前……"墨黑色的夜空中，眨着眼的繁星，明媚皎洁的新月，似乎都与我一样，被外婆的故事所吸引，安静地聆听。本就寂静的夜，越发静了，更是为外婆的故事笼上了一层朦胧的静谧。但更多的，外婆总会有意无意地提起蝉，蝉的一生，蝉的鸣叫，蝉的精神……她似乎总对这些小生物有种非同一般的认识，外婆对蝉的态度，或许也正是我对蝉鸣总抱有某种情愫的原因之一吧。

"人一定要活得快乐。"外婆时常感慨。声音不大的，不知是说与我还是说给她自己。可惜那时太小，每逢这时我总是不解地问：

"难道有人会难过地活着吗？"外婆却也没曾解释。现在想来，兴许外婆的意思是指人亦同蝉一样，无论生命长短，只有活出自己，活出快乐，才不会白白来人世一遭吧。遗憾那时并未理会到这些，竟到此时才有些许的感悟。

蝉，似乎也概括着我对外婆的一半记忆，似远似近。也许是因为生活在城市，也许是因为学业的繁忙，也许是因为其他烦琐的原因……我已许久未听见蝉鸣，也许久未再去探望外婆了，且不知我亲爱的外婆，那个总笑着唤我"丫头"的外婆，现在可好？对外婆的思念一丝一丝漫上心头，熟悉的蝉鸣，斑驳的古树，缥缈的轻烟……再一次的，涌现眼前。外婆暗含在嘴角的笑意，宠溺的，怀念的。

悄悄合上记事本，合上记忆中的院子里那份记忆。快要被城市的喧嚣与匆促同化的我，似乎在一瞬间找回了曾经那个赤脚跑的女孩儿，找回了当初只在外婆家所拥有的清欢。我差点就要忘记最简单的快乐，最轻易的悸动，和那个最初的自己。幸好，被往事提醒。谢谢这份回忆，那片蝉鸣，和我的外婆。"我会活得像自己。"我低语，"妈，这个暑假，回去看看外婆吧！"

从未走远

赵弈茗

有的人，不论远近，仿佛总陪伴在我身边；有的爱，真挚浓厚，永远温暖我心田。尽管外婆如今不在我身边，但她对我的爱，从未走远。

　　小时候，我和外婆住在一起。后来我长大了，我表弟也降临到了世上，外婆就住到舅舅那儿去了。外婆似乎走远了。

　　还记得六年级时，时间如流水一般在我们不经意间悄悄流去。转眼间，就到了期末前最后一个周末了。就在我坐在书桌前复习时，妈妈的话传了过来："你外婆明天就来看你。"妈妈的话不禁勾起了我的回忆：小时候，我和外婆住在一起。我还依稀记得，那时，外婆总是戴着老花镜，用一些毛线和针，织出一件件毛衣给我穿；总是站在厨房中，用那个锅铲，为我炒出一道道美味佳肴，令我兴奋不已。想到这儿，我回忆起了奶奶对我那份藏在锅铲中的爱，心中感到无比温暖。外婆对我的爱，就像那锅铲一样，牵引着我的心。外婆也许并未走远。

　　第二天快中午的时候，外婆如期而至。一进门，她就慈祥地对我说："孩子啊，我听说你要期末考了，给你带了点东西，祝你考100分。中午我给你做你最爱吃的菜！""好！"我满心欢喜地答应了。不一会儿就到了中午，奶奶换好了衣服，就下了厨房。伴随着油"滋滋"的声音，和锅铲与锅碰撞的声音，外婆又在厨房中忙碌了，就像我小时候那样。那时的场景又浮现在我的眼前，就如昨天才刚发生的一样。

　　过了一会儿，菜的香味犹如一只刚出笼的小鸟一般，越飘越远，扑鼻而来，如花香一般美好。这是爱和温暖的味道！我循着香味，来到了厨房。看着外婆挥舞着锅铲做菜忙碌的样子，一股暖流不禁直袭我心尖最柔软的部分。这时，高压锅散发的水汽氤氲在门窗上，我的眼睛也渐渐湿润了。其实，外婆对我的爱，一直在身边。

　　过了正午，外婆做好了饭，菜也端上了桌。这次午饭格外好吃，我是配着爱与温暖吃的。

　　下午外婆就回去了，但她对我的爱，就如那把锅铲一般，不仅牵

引着我的嘴，更牵引着我的心，令我温暖不已从未走远。

烙在我心上的背影

林静悠

记忆的大海中，有一个若隐若现的身影。她是谁？我不知道，只记得那天她身着一件深色的外套，留下了一个背影。这道背影，烙在我心上，无法忘却。

那天，我和同学一起回家，不料，因为我走得太慢，竟然被同学远远地甩在后面，正好圣诞节，熙熙攘攘的人群把我挤到一个不知名的小巷里。

发现迷路了，我第一个反应就是照原路返回，但我很快失望了——不管怎么走，最后终究会回到原来的地方。

"怎么办？"我心急如焚，天就像被泼了墨似的，暗沉了下来，千家万户都点起了灯，我的孤单更加叫人心慌。

一个身着深色外套的阿姨向我走来，深色的头发异常浓密，饱满的发卷围着她的双颊，一直垂到浑圆的肩上。我心里一惊，不会是拐卖儿童的吧？阿姨问我："小朋友你怎么了，需要我的帮助吗？"我硬着头皮，战战兢兢地回答："我……我迷路了！"她一听二话没说，掏出手机问："你家电话号码多少？我找他们接你！""哦，不……不用了，谢谢！"我连忙拒绝。

她的眉头皱了起来，似乎在思索着什么。"要不我送你回去？你家在哪儿啊？"她的声音很清脆，就像一股清泉涌入我的心扉。"在安兜医院附近。"我放下戒心，轻松地回答道。

她笑了："我们走吧！"话音刚落，她右脚就迈了出去。我连忙跟着她的步伐，我可不想再迷路了。

跟着她，一路上七拐八拐的，路道很复杂。但有她在，我却感到一股莫名的安心，犹如冬日的暖阳，再多黑暗都变成了无穷的温暖。

到了医院门口，她向我道别，并准备原路返回，我突然想有条路可以直通大街："阿姨，从那条路可以直通大街。"我顺势指给她看。

她笑了，是那么美，好似一抹爱的暖流流进我的眼，流进我的心。她向着我指给她的路走去，背影若隐若现，印在我的脑海里。

素昧平生的她，像一道光，射进我的生活。我暗暗下定决心：我也要像阿姨那样，帮助别人，快乐自己。

不　忘

高羚晋

当清晨的第一缕阳光透过纱窗，洒进教室，琅琅的读书声回荡耳边。回眸昔日，老师无时无刻不在教导着我，师恩与我相伴随。

小时候，师恩是那甜甜的糖果——

我乖乖地坐在椅子上，大眼睛时不时地望向老师。"嗒嗒嗒……"年轻漂亮的老师踩着粉红色的高跟鞋，缓缓地走向我。她弯下腰看着我，甜甜地笑着，变魔术似的从口袋里掏出一颗大白兔奶糖，在我面前晃了晃，用温柔甜美的声音说："呀，老师问你个问题好不好？答对了就有糖糖吃哦。"我看了看老师，害羞地点点头。

"可以背背静夜思吗？"她期待地望着我。

我有点儿紧张，羞涩地看着老师，扭扭捏捏地说："床前明月光……"

"真棒！"她摸摸我的头，剥开糖纸，把糖塞到我嘴里，"下次再大胆点就好了哦。"我含着糖，甜甜的滋味弥漫在口中，心中……

后来啊，师恩是那粉红的小星星——

老师说，今天有个隆重的仪式。到班级后，我心神不宁地复习着上节课的笔记，目光时不时落到广播器上。要上课了吗？呃，应该吧……"泉眼无声惜细流……"伴着轻快的旋律，老师走进了教室，手里拿着一小叠胸针。我的心怦怦直跳，紧张得说不出一句话。"今天，我们选出了新一届的小读者，将为他们颁发小星星！"老师激动地告诉我们。

老师开始念名字了，我屏住呼吸，仔细地在老师的话语中寻找我的名字。"羚晋！"老师微笑着，注视着我。我站起来，挺直了身体。她走过来，为我细心地别上这枚珍贵的胸针。虽然只有短短半分钟，我却觉得时间过了很久很久。

我也是小读者了！我的心似乎随时都会蹦出来，像打翻了五味瓶，辛酸、甜蜜、苦涩、火辣，还有那咸咸的泪水，都混合在一起。这枚胸针蕴藏着我多少的心血，多少的努力啊！

老师用期待的目光看着我，我也回了老师一个坚定的目光。我知道，自己肩上的担子更重了，一枚薄薄的胸针，包含着老师和同学们沉甸甸的嘱托。

而现在，师恩是那温暖的话语——

离诗朗诵比赛的日子越来越近了，作为领诵者，我整日忧心忡忡，总怕自己讲不好。老师了解了我的情况，课后把我留下来，和我谈心。老师轻轻拿起我的稿子，仔细看了一遍，温柔地问："台词背熟了吗？"

"还没……"我面带失落地说。

"那老师教你背吧。"她把我垂下来的发丝绕到耳后，然后用纤细修长的手指提起我的嘴角，"女孩子，不要整天苦着一张脸，多笑一笑。"

我抬起头，莞尔一笑。

"嗯，这就对了。好，我们开始吧。"

"桃之夭夭，灼灼其华……"我和她一起读着，稚嫩的童声和柔美的女声混合在一起，像是泉水叮咚，又像是溪水跳跃，清脆无比。我越读越带劲儿，越读越投入，闭上了眼睛，流利而富有感情地背诵完了整篇稿子。

"好棒啊！"老师鼓起了掌。

我愣了一下，高兴地笑了。

时光点滴逝去，时常想起老师的一声声鼓励，一片片关爱。难以忘怀，倍感幸福。

三坊七巷的粘工艺人

陈悦越

三坊七巷被誉为"明清建筑博物馆"，它如今虽然经过岁月的洗礼，但我们仍然可以看到它以前那些风貌。这里藏龙卧虎，有不少"非遗"文化艺人在这里展示自己的技艺，让游人大开眼界。

在三坊七巷的街尾，有三位手工艺人吸引了许多游客驻足观赏，他们分别是做超轻黏土的、卖糖画的和做面人的。其中，我最喜欢的就是观看超轻黏土的制作了。

我费了很大的劲儿才挤进人群，发现摊位前有位五十岁左右、梳着一个发髻、皮肤黝黑的阿姨，一边叫卖，一边用那双看似粗糙的手在灵巧地捏着些什么。我凑近一看，原来阿姨在捏猪八戒的鼻子部分。阿姨先团出一个圆柱形，用工具刀在上面划了几下，就做好鼻子上的褶皱，又用工具捅了两个窟窿做两个鼻孔，一个猪鼻子就完成了。

我旁边有个小妹妹，等了好久也没有看见阿姨做她想要的那只小鸟，就跑到阿姨跟前，见她正在做猪八戒，就噘着小嘴一边哭一边喊："阿姨，我不要猪八戒，我想要小鸟！"阿姨赶紧安慰她："小妹妹，不要哭，我马上就给你做小鸟。"只见她先拿出粉红色黏土，把它搓成长水滴形，再把细的那头弯曲，就像一弯月亮，这就是小鸟的身体。接着拿出红、橙、黄、绿四种颜色，把它们搓成两头细，中间粗的长条形，再把四种颜色并在一起，真像一座"彩虹桥"。最后捏住"彩虹桥"的中部，把两头往里卷，就像在卷棒棒糖一样，再把各种颜色对齐粘在一起，小鸟的翅膀就做好了。然后做小水滴状的头上羽毛，最后做红色的嘴和眼睛，每一个动作都非常熟练，看得我眼花缭乱。小鸟的眼睛还是黑色水钻粘上去的，看起来活灵活现，仿佛在对我们唱歌呢！阿姨将小鸟交给小妹妹，小妹妹立刻破涕为笑了。

此时，我又回头看了看摊子，只见绿色泡沫上插着许多超轻黏土做的小玩意儿，有愤怒的小鸟、Hello Kitty、咸蛋超人、植物大战僵尸……我心想：阿姨真厉害啊，会做这么多东西，而且做得又快又好。于是我就问阿姨，到底有什么秘诀呢？阿姨回答道："我从小就喜欢捏面人，而且一做就是四十来年，这都是熟能生巧啊！"

是啊，我平常也喜欢做超轻黏土手工，但每次都要花一个多小时，有时还半途而废。听了阿姨的话，我从中体会到：无论做什么都要下苦功、勤练习才能做得又快又好！晚上回家我也要学着阿姨的样子做一只超轻黏土小鸟！

旅游路上见精神

杨宇腾

朴素、善良、坚忍不拔……这些嘉庚精神，时常出现在厦门的每一处。

今年春天，我们一家来到了美丽的玫瑰花海。这里风景宜人，美丽的景色吸引着人们，大家争先恐后地拍照，想把自己定格在这美丽的花海中，我也不例外。

在玫瑰花丛中，兴奋的游客们摆出各种姿势。他们笑眯眯的，不停移动着，踩踏着娇艳的玫瑰花。玫瑰花田渐渐千疮百孔，花瓣撒落了一地。许多玫瑰花无力地趴在地上，翠绿的茎秆折断了，花瓣变得面目全非。整片花海仿佛在哭泣，祈求人们不要践踏。而那些游客，互相欣赏着照片，扬长而去。

这时，一位老爷爷慢慢爬上了陡峭的坡，进了花海。他小心翼翼地拿着一把扫帚，轻轻扫去了飘落的花瓣。他小心地移动着，将花瓣扫进了土里。

接着，他又接来一根水管，轻轻喷洒在花瓣上。娇艳的花瓣沾上一层晶莹的水珠，折射着爷爷苍老的面容。他一边洒水，一边轻抚着花瓣，仿佛玫瑰花是他的孩子。望着在风中摇摆的玫瑰，一丝笑容浮现在他脸上。

我走向他，轻轻问："老爷爷，您为什么这么用心地看护这些玫瑰花呢？"他转过头，这时，我才看见他手上被玫瑰花刺出的伤痕，他穿着一件洗得发白的上衣，一条灰裤子，饱经风霜的脸上，都是岁月留下的痕迹。

他轻轻抚摸着玫瑰，缓缓地说："厦门多漂亮啊，有这么多花，可惜……"他沉默一会儿，"有一些不讲道德的人，破坏了这么美的花。"他站起来，默默地拾起扫帚，走进了花海，渐渐地，消失在数不清的玫瑰中。

一阵风，送来了玫瑰的芬芳。金钱和朴素善良比起来，微不足道。那位老者，便是嘉庚精神最好的体现。他的朴实无华，难道不是最清新淡雅的一株玫瑰吗？

你是我的太阳

陈若言

我的太阳，谢谢你的光芒，终有一天，我会迎着你的曙光，展开翅膀，迎战风雨，赏彩虹的美丽，在你的温暖下成长，前行，放飞梦想！

天寒之时，心中总会升起一轮暖阳，它带给我温暖的光，让我一次又一次爬起，走向前方。

你还记得吗？小学之时，因为成绩差，我经常受到老师的训斥和同学的嘲笑，有时真的不知所措，恨不得找个地缝钻进去，我明明很努力，也想成为雄鹰翱翔烈阳之下，追逐天边金阳，但似乎事与愿违，难道注定如此吗？又一次考试失利，阴沉的雨天，心中是迷惘与无尽的黑暗，任雨点打在身上，夹杂着眼角的泪花，慢慢滑落脸颊，满地积水诉说着我的悲伤、落寞、绝望。你出现身旁，看着我手中早已被泪与雨浸湿的试卷，你明白了一切，你紧拥我，仿佛心跳与血液萦绕于耳畔。"孩子，不是你的错，是雏鹰还未到展翅之时，终有一天，你会展开翅膀，迎战风雨，追梦金阳。"听着你的话，我仿佛看见了，多年以后我在太阳的照耀下飞翔。泪水又一次涌出，这一次，是温暖的泪花，感谢您，母亲，我最美的太阳，耀我永恒！

无边夜空，星落月沉，而你，是属于我的那轮金阳！

寂静黑夜，不见繁星点点，一阵剧痛惊醒了我的梦乡，难忍疼痛，我放声大叫，匆匆起床，脚步急促，又是你抱起我，直奔医院。记得那天，你也恰逢感冒，却不知你哪来的力量，一口气把我背到四五里外的乡镇卫生院。茫茫黑夜，我隐约望见你头上滚滚汗珠，好几次已坚持不住，但似乎咬咬牙，握了握拳，又是如旧的步伐，你坚持站立，直到医生为我挂上吊瓶，你才瘫坐在小床上。时至今日，我明白，是爱的力量，支撑你走完了一段平时不可能走的路，茫茫黑夜，你的爱却依然在闪烁光芒，落在我的心坎上！

风起青萍，我愿等待，因为你是我一生不变的太阳！

省里的演讲比赛，临近上场，你有急事必须离开片刻，我拽着你的手，不让你走，你说："别担心，你比赛，妈妈一定会在场，好不好？"25号、26号、27号，到我了，我环顾四周，焦急寻觅着你的身影，你还未到场，你的车被堵在路上，走上台，心不在焉的我完全不在状态，又一次忘词，心中阴雨绵绵，突然，一个身影走进赛场，是那样熟悉，是你！是你！暖阳缕缕，透过树叶，照在心坎上，那一刻，万物复苏，春暖花开，心中阴霾早已不在，我越讲越兴奋，以最好的状态完成了演讲，雷鸣般的掌声！你笑了，欣慰的笑，那样灿烂，那是太阳的光芒，是我前行的力量！

我的太阳，谢谢你的光芒，终有一天，我会迎着你的曙光，展开翅膀，迎战风雨，赏彩虹的美丽，在你的温暖下成长，前行，放飞梦想！

最美的行囊

陈厚霖

"快点去做作业，今天的任务一定要完成！"这些曾经被我视为"毒药"的妈妈的唠叨，如今却化为了一股暖流，流进了我的心里……

记得那天，我去参加奥数竞赛，车徐徐开出小区的大门，妈妈唠叨的"阀门"也缓缓打开了。"做题一定要认真啊！该得的分一分也不能丢，这一定要做到！""水笔水够吗？要不要再去买几支？"望着妈妈那比我还紧张的样子，一股烦躁的心情涌上我的心头。

在妈妈的唠叨声中，我熬到了比赛场地，刚到嘴边的欢呼声此时却被我生生地咽了下去——原来因我们来得太早了，比赛场地还未开放。"唉！又免不了一顿心理折磨了。"我不禁苦笑道。果不其然，妈妈又开始唠叨了："平常心参加考试，和平常认真做作业的状态一样就对了。"

在妈妈接踵而至的唠叨声中，我终于盼来了开门的时间，考试即将开始了，妈妈的唠叨又一次在我的耳边响起："赶紧去上厕所，考试可再不能私自去厕所了啊！""我知道了啊！用不着您在这唠叨。"我心中的"火山"终于爆发，我冲着妈妈吼道。她似乎有些伤心，离开了教室。"终于能安心考试了。"我叹了口气，径直走进了考场，准备开始做题。

考试的气氛略微有些压抑，几十道平缓的呼吸声与笔尖在纸上摩擦的沙沙声结合成了一曲动听的交响乐。可没过多久，这种和谐却被一声叫声打破了："老师，我能去上个厕所吗？"老师皱了皱眉，缓缓地说道："不行！"那位同学似有些沮丧。见他那憋紫的脸，我不禁想道："现在才去上，也是追悔莫及！"一边想，我不禁为自己没有出现这种窘态而感到庆幸。可庆幸之余，一丝愧疚涌上我的心头："如果没有妈妈的唠叨，我应该也会像他那样吧。"现在能"安然无恙"地坐在这里答题，我想这就是幸福。突然意识到，妈妈的唠叨似乎也没有那么烦人了。

那次比赛，在妈妈的"唠叨"下，我取得了比较好的成绩，自此我懂了，妈妈的唠叨是让人"心烦"的，却也是使人心暖的；妈妈的唠叨是让人"反感"的，却也是令人幸福的；妈妈的唠叨是平淡的，却也是最饱含深情的絮语！如果我的人生是一趟旅程，那么妈妈的唠叨就是最美的行囊，让这最美的行囊始终陪伴在我的人生道路上吧！

"百变"妈妈

郑博予

我的妈妈表情丰富多彩，比百变马丁还厉害，一天到晚，简直是七十二变啊！

那天妈妈接到一通电话，顿时就拉下脸来，像刷了层糨糊般地紧绷着，那眼睛瞪得比铜铃还大，眉皱成了八字，嘴角向下撇着，活生生一个"女魔头"。一遇见这时候，我便小心翼翼地回到自己的卧室，不然免不了一顿臭骂。可是——我的考卷正静静"躺"在妈妈面前的茶几上，最重要的，分数低得惨不忍睹。果然，妈妈的目光闪了闪，又大展"歌喉"。接下来，我家就上演了女子单打，我捂着被打疼的屁股，一边像鸽子一样点头，一边"哎呀"地叫唤，心里后悔不堪，要是早点儿收起试卷就好了！

"叮咚"，门铃响了，妈妈开了门，门外是阿姨，妈妈立刻变了个人，笑容满面，眉开眼笑地迎接阿姨。真可谓"阳光明媚"啊！妈妈那个面善得像尊喜兴佛儿。真是一会儿母老虎，一会儿小白兔。她那刚才还铁青的脸色，就像春风吹化的冰河，笑靥像涟漪，一圈一圈地沿着鼻翼和眼角荡漾起来。妈妈的脸色红润，嘴角上扬，眼睛高兴地眯成了一条细线，眉毛弯弯的，我向阿姨问好，阿姨夸奖我，妈妈一把把我搂进她怀里。我心里一阵欢喜，哈哈，这下气消了，真是天

助我也！

不料，阿姨一走，妈妈的脸色又变回来了，脸沉得像黑底锅，两眼像是要喷出火花，真像六月天一样，刚刚还是朗朗晴空，顷刻间就乌云密布，暴雨倾盆。感觉她脸比墨汁还黑，眉毛皱成了"川"字，我下意识地想溜走，可妈妈却像一只老虎一步步地逼近。她又开始唠叨了，从地理文化到小学生守则，又从小学生守则到古今中外的大人物，把我泼了个透心凉，弄得我那张圆脸像阴天的日头——没光彩……

其实，我最喜欢妈妈的笑，但她的表情百变，似乎也给我的生活带来了不少乐趣和"惊吓"呢！

妈妈，请您看我一眼

危诗妍

妈妈，我想对您说一句话："妈妈，请您看我一眼！"

不知道何时，妈妈，您迷上了手机。我的作业，您以前一回家就帮我认真检查，而现在的您会等到看手机看到筋疲力尽、眼睛发痒时，才不情不愿地帮我检查作业。我提出的问题，您以前总是第一时间为我解答，并细心为我讲解，如果我还是不理解的话，您会不厌其烦地为我分析解惑。而现在的您，脸上总是露出不耐烦的样子，好像谁打扰了您做非常重要的事。每当这时，我便自觉无趣地离开。您以前在课余时间总会和我一起玩闹、嬉戏，可是现在您就算和我玩躲猫猫的时候，都会故意当"鬼"，为的是躲在房间里玩手机。

　　记得一个天气晴朗的周末，您不耐烦地帮我检查完作业之后，又拿起了在您的生命中必不可少的东西——手机，开始看微信，这时的我正百无聊赖地翻着书，我突发奇想，想让您陪我一起玩躲猫猫，我知道，您一定会说"No"，但是我依然做了这个请求，没想到您竟欣然同意了，我非常惊讶，不过那个时候我只顾着高兴、惊讶，根本不知道您打好的那些小算盘。

　　游戏开始了，您抢着当鬼，我再一次惊讶了——我根本不相信您会这么积极地参加游戏。我让您躲进房间，等我发出了信号，您再出来找我，您点了点头，便要把我赶出这个房间。过了一会儿，我躲好了，便大叫一声："妈妈，我躲好了！"我以为您会来找我，不过我错了。一秒、两秒、一分钟、十分钟……时间慢慢流逝。可是您还没有"找"到我。那时的我，急了，便拖着自己已经麻木的双腿，离开我躲藏的地方，慢慢地来到您当"鬼"数数的地方。到门口时，我听到的是您与朋友交谈的话语。手机里传来的声音，不时让您开怀大笑。有可能是因为一扇门挡住了您和朋友说话的声音，不然，我早就会发现您的小算盘。我生气地推开了您的房门，应该是因为您聊天太认真，以至于根本没有发觉我，依然笑眯眯地与朋友聊天，直到我气愤了叫了一声："妈妈！"您才一脸惊愕地望着我。

　　您看着我半天，才说出三个字"对不起"。又愣了一会儿，您接着说："我不应该这样，你能原谅我吗？我以后再也不会这样了好吗？"我虽然很生气，但也点了点头，因为我相信您会遵守您的承诺——放下手机，还给我从前的妈妈。

错误是"错"还是"误"

车又行驶了一会儿,我看了看前面。啊!幸好是最后一个红绿灯了。而这条路却格外冷清,难道已经开始上课了吗?这下可惨了,早知道就早点起来了!早知今日何必当初呢,现在后悔也没有用了。

贪吃的小仓鼠

黄歆蕾

仓鼠，是动物界中的小可爱。它有着尖尖的、三角状的耳朵；黑黑的、圆形的大眼睛；毛茸茸的、胖乎乎的身体。我家的仓鼠整天在双层大笼子里吃饭、睡觉，过着自由自在、无忧无虑的美好生活。不过它可贪吃了，只要一看到食物，淑女也能变汉子。

有一次中午，我拿着菜叶准备喂小仓鼠。小仓鼠一看到食物，连忙爬起来，双爪紧紧地抓着杆，开始奋力地咬起来。无奈，我只好拿片小菜叶，顺手放在仓鼠家的屋顶上。仓鼠见状，三步并做两步爬上了二楼，双爪又一次紧抱杆，吊了起来，卖力地吃着。

我灵机一动，想捉弄它一番，于是将菜叶往边上挪了一点，这时仓鼠就像一个强壮的男人在玩吊环一样，双爪也快速地向旁挪去，迫不及待地猛吃几口。见它这有趣的样子，我兴致大起，干脆直接将叶子拿走。此时一心只惦记着食物的仓鼠见叶子不翼而飞，爪子愣是一滑，便掉在了一楼的木屑上。可是它还来不及顾得上疼，就又继续咬杆儿，好像在说："主人，求你了，给我吃吧！"

我看着它可怜巴巴的小眼神，心肠一软，便老老实实地把叶子从笼缝中塞了进去。小仓鼠这回可高兴了，连滚带爬地直奔过来，像捡到宝一样紧抓着菜叶，生怕食物被再抢走似的。它边吃还边兴奋地

"吱吱"叫着，节奏感十足，像在夸赞菜叶十分美味，又像在感谢主人。

你们说，我家的仓鼠贪吃不贪吃？

亲亲我的小可爱

郭伟萍

妈妈的同事送了我两条小鱼，我一眼就喜欢上了它们。这条白头红身的小鱼，个头不大，脾气不小，因而得名"大小姐"，那条遍体通红，整天游来游去，一刻也不消停，我叫它"机灵鬼"！

别看它们长得差不多，性格却天差地别。娇贵的"大小姐"应该有洁癖。这不，前天中午我有些忙，忘换水了，鱼缸的底部有了水锈，水也有些浑浊不清。"大小姐"可就不高兴了，只见它懒洋洋地躺在水里一动不动，眼睛睁得大大的，我看见她一副奄奄一息的样子，想道：完了！忘换水了！我这就给你清洁！好吗？"大小姐"！你一定要挺住啊！

情况紧急，我立刻端着鱼缸去卫生间换水，因为只有一个鱼缸，所以换水时只能让它们继续待在鱼缸里了。我小心翼翼地挡住几个小可爱，慢慢地把水倒进下水道。

一向活跃的"机灵鬼"忍不住了。趁我不注意，从我手指缝中溜了出来，"哧溜"一下滑到地上。吓得我手一哆嗦，连忙用手堵住下水道，生怕"机灵鬼"下水道探险。

离开了水的"机灵鬼"在地上蹦跶几下就没力气了,我连忙捧起它再放到鱼缸中。好半天,它才缓过了一口气。我又急又气,指着它的小脑袋,训斥道:"我就知道!要是哪天不让你透透气,你就闹情绪。但你也不能不要命呀!""机灵鬼"似乎听懂了我的话,慢慢地游到一边,面壁思过去了。

唉!"逗死人不偿命!"亲亲我的小可爱!

调皮的大公鸡

林圣源

老家有一个大院子,里面养了二十多只鸡,那个院子是小动物们的世界,是鸡的天堂。

我推开院门,就传来公鸡母鸡们"咯咯咯"的声音。有的说着家常话;有的互相追赶着;有的刨土啄食,热闹非凡。这个大家族的成员们,每天吃在一起,喝在一起,睡在一起,真是相亲相爱的一家人。

在这一群鸡中,我最喜欢的是那只风度翩翩金黄色的大公鸡。看:高高的个儿,头戴只大红冠,穿着一身金黄色的袍子在阳光下闪闪发亮;两条腿很粗壮,爪子很锋利;尾巴长长的,走起路来微微摆动;嘴尖而硬,啄起食来"咚咚"响。忽然,它叫了一声,立刻,所有的鸡都伸长脖子叫了起来,此起彼伏,就像开始一场大合唱。在这大家庭中,似乎它是领袖。

这只大公鸡边唱歌边四处张望,只见它轻手轻脚往院子里的一株大树走去，噢！原来一只蟋蟀坐在一根细树枝上，算它倒霉，旁边站着一只大公鸡也没看见，大公鸡脑袋一偏，一口就把蟋蟀吃了。还有两只甲虫害怕自己也遭遇同样的命运，撒腿就跑。但是它们哪里跑得过大公鸡，它一口一个，把两只甲虫吞了。吃完后，它一会儿迈着一双黄色有力的爪子转悠，一会儿神气十足地站在地上，眼睛还机灵地瞧着我，真像一个威武的"男子汉"！

"喔喔喔"，那只大公鸡轻轻一跃而起，跳到了洗衣池的洗衣板上。只见它抖了一下翅膀，屁股一撅——"扑哧"，一坨黄色的鸡屎砸在了洗衣板上。这下可把奶奶气坏了，奶奶抓起一把沙子，准备向它撒去，公鸡"嗖"的一下像离弦的箭一样飞到了院墙顶上，居高临下地朝着奶奶"喔喔喔"地叫，仿佛在叫嚣着："哦哦，我是天才！我创造了前所未有的'鸡尼斯'纪录！"周围的公鸡们看见了这一幕，又开始大合唱，仿佛要为它高歌一曲。奶奶气呼呼地说："看我今晚不把你们翅膀给剪了，还有得飞。"

大公鸡的调皮、勇猛真是令人喜爱。

两只鹦鹉

陈思芃

我家有两只鹦鹉，它们头上像戴着一条翡翠色的头巾，装饰着虎皮一样的斑纹；嘴巴像鹰嘴似的内勾着，围着白色花纹的眼睛像黑葡萄似的，滴溜溜地转个不停；身上披着一件由深变浅的绿衣，脚爪是淡淡的肉色，一共有四趾，两个向前，两个在后，便于攀爬。

在这两只鹦鹉中，有一只性格暴躁的母鹦鹉，它叫小英。每当同伴想要抢食吃时，它都会毫不客气地反击，打起架来不甘示弱。但它的攀爬能力却不强，可能是因为太胖的缘故。而另外一只公鹦鹉叫索比亚，它的性格比小英温和多了。虽然打架技术不如小英，但它的"轻功"可是鸟中一绝。每次小英用尖嘴朝它啄来的时候，它总能敏捷地躲闪。它还有一项特殊的本领——"超级扇翅膀"：两只翅膀飞速地上下挥动，像架马力十足的鼓风机。每当使出这一"撒手锏"时，巢笼里的米壳、木屑便四处纷飞。索比亚就靠着这招，跟彪悍的小英轻轻松松地走上几个回合。

最有趣的事莫过于看他们相互追逐的游戏大战了。刚开始，索比亚被小英啄得上蹿下跳，无处可藏。小英乘胜追击，给了索比亚当头一棒，只听索比亚尖叫一声，就从杆上掉了下去，一副垂头丧气的样子。小英自以为得胜了，高兴得蹦蹦跳跳，还不时用有些沙哑的声音叫两声。输了第一轮比赛的索比亚低着头，好像在思考怎样才能打赢小英，这对它来说可是天大的难事啊！突然，索比亚似乎灵光一闪，想到了个好主意。它重新抖了抖羽毛，打起十倍的精神，又跳上了杆。索比亚用洪亮的声音叫着，似乎在挑衅小英，小英不知道这是激将法，恨恨地朝索比亚啄去，只见索比亚轻轻一闪，就躲了过去。小英一看没啄到，恼羞成怒，看准了索比亚的位置，像风一样猛地往前一扑。可惜论起轻功来，索比亚永远比小英更胜一筹。它"呼"地跳到了最高的杆上，让小英扑了个空，不但没啄到索比亚，自己还摔了个大马趴。就这样走了几个回合后，小英已经被弄得筋疲力尽了。索比亚趁机给了小英一个"超级扇翅膀"，倒霉的小英便掉了下去。第二轮比赛结束了。

索比亚居然能战胜小英，这让我很是惊讶。但转念一想，谁说体力强壮的就能笑到最后呢？嬉闹追击中，运用智谋布局弥补体力上的不足，未尝不是个好办法。人类社会中也是如此吧！这两只鹦鹉，你更喜欢哪一只呀？

迟　　到

陈冠戎

早上风雨交加，"轰"的一声雷把我给震醒了，我强打起精神，看了看表，才四点多。我又像一摊烂泥一样躺了下去。

"快起床！已经七点了！"我再次睁开眼睛，耳边传来外婆紧张的喊声。我立刻一蹦三尺高，从床上跳下来，一看表，什么？星期四！七点多了！完了……完了……完了！我是星期四的值日班委，七点半就得到校。

我连滚带爬地冲进卫生间，洗漱完后，抓起两个肉包往嘴里一塞就冲出了家门。

雨已经停了，可是地上滑得像洒了油一样。我忐忑不安地坐在电动车后面，不停地催着外公："快点嘛！要迟到啦！"外公却不紧不慢地说："不急不急，雨天路滑慢点儿骑。"唉！我只能安分地坐在后面。

可过了一会，又遇上了红灯，我就急得跳脚了，要是耽误了早读，那可怎么办？我肯定会被老师罚站，要么抄课文，怎么办呢？

只好采用下下策了，我掏出手机，想给明天带读的值日班委打个电话，叫他替我一下，可打开手机传来几声嘟嘟嘟的声音，该死，没电了，关键时候掉链子。

我们穿过菜市场，什么！菜市场都没几个人了？这回可死定了！连菜市场都没几个人了，这说明肯定迟到了，为了证实我的想法，我看了看表，已经七点四十了！哦！我的天！

车又行进了一会儿，我看了看前面。啊！幸好是最后一个红绿灯了。而这条路却格外冷清，难道已经开始上课了吗？这下可惨了，早知道就早点起来了！早知今日何必当初呢，现在后悔也没有用了。可是我还是怀着一丝侥幸，会不会是我的表坏了，所以来早了？可我马上又否定了这个侥幸的想法，总不可能家里、菜市场里那么多人的表都坏了吧，只能认定是迟到了。

到了校门口，我以百米冲刺的速度冲了进去，踩着铃声进了教室，看到周五的值日班委雷同学在带读呢。我莫名其妙，莫非此人有未卜先知的特异本领？

下课后我去问他："哇！真是太感谢了！可解了我的燃眉之急啊！"他却被我问得一头雾水，下巴快掉了下来，一阵大笑之后道："你忘了吗？我昨天和你说好调换一下的。"我恍然大悟！呆若木鸡地站在走廊上。唉，看我这记性，今天我可白忙了一场。

意想不到的时候

危以信

咔嚓——咔嚓——咔嚓。啊，终于拆完线了！"感觉怎么样?""感觉嘛,嗯,挺好的。""来,这个药拿着,一天涂三次,不涂的话,会留下疤痕的。"

那是五年级的事了,虽然时间已经抹去了我的创伤,但它并不能抹去我的记忆。

那天中午,午餐班一下课,同学们就都陆陆续续地离开了教室。我也像往常一样,来到一个"老地方",等待我的玩伴们。等到人都到齐了,我们用"黑白配"决出了一个"鬼",并规定游戏时除特殊情况不能进入教学楼。我们在操场上尽情地奔跑,尽情地享受游戏的乐趣。

可是,乐极生悲。轮到我当"鬼"了,就在我伸手抓到沛熙同学的时候,他"啊"地叫了一声,牙齿一不小心从我的左眼角上边滑过,划开了一道口子。当时我就感觉痛了一下,下意识地抬手去摸,结果摸了一手血,还滴了几滴在地上,这下把我吓坏了,旁边的同学最先反应过来:"赶紧去医务室!"在学校的医务室,校医给我做了包扎,但她说这口子太大,得送到医院去。

班主任老师来了,我的爸爸妈妈来了,沛熙同学的妈妈也来了,大家一起送我到协和医院。医生给我做了检查,说口子有两厘米多长,必须缝针。打过麻药,医生给我左眼角上边的伤口缝了五六针。伤口已经肿起来了,远看缝针的地方,活像趴了一只黑蜈蚣,叫人看得胆战心惊!

拆线的时候,我在想,如果我们玩游戏时动作慢一点儿,脚下多注意一点儿,不要玩得过火了,是不是可以避免很多类似的危险呢?

拔掉心中的那根刺

钟敏婧

也许尊重是一株芝兰,清香四溢,感染你我他;也许尊重是一杯清茶,只有真正懂它的人,才能品出那深处的韵味。以前的我并不懂得尊重,直到那件事。

小雅,其貌不扬。黝黑的脸,笑起来眼睛就分得很开,眯成一条缝,滑稽极了。小雅在我们班里成绩总是稳居榜尾,大家都本着"近朱者赤,近墨者黑"的心理疏远她,而本就对小雅印象不好的我更加肆无忌惮,当着大家的面儿朝她后背比比画画,还说起风凉话。更过分的是,每当我取得好成绩的时候,便有心无心地走到小雅座位旁炫耀。小雅却毫不在乎,依旧对我打招呼,像个没事人似的。小雅的宽容让我觉得自己是真的错了,但碍于面子我又不好承认。

教室的角落里放着一个红色垃圾桶,是个小型垃圾站,里面什么都有,在教室里散发出"特殊"的"芳香"。同学们遇到它都绕道而行,扔垃圾也来个"两步投篮",就连我也不愿意与它"亲近"。

一天早晨,我正准备去洗个手,突然发现小雅提着红桶往外走。天哪,我急忙揉了揉眼睛,再仔细一瞧,她手里确实提着那个臭气熏天的红桶。小雅为什么要偷偷提走红桶呢?好奇心驱使着我跟着她到了楼梯间。原来小雅是去倒垃圾了,我紧悬的心放松下来,突然又转念一想，她是不是有什么企图？还是想得到老师的表扬？可是，接下来的一幕彻彻底底地把我镇住了。

倒完垃圾的小雅匆匆忙忙走到卫生间的小水池旁，只见小雅将干净的小手伸进脏兮兮的红桶里，先用水将能冲掉的东西轻轻冲洗掉，再用手把桶壁上的脏块一块一块地抠掉。望着那干净的红桶，小雅露出了微笑。刹那间，小雅的举动与笑容似乎把我们之前的隔阂都化解了，也把我们的心给拉近了。我站在那里，久久地说不出话来……

从那以后，我不仅拔掉了心中那根高傲自大的刺，也开始尊重小雅，友善对她，帮助她，因而收获了一份来之不易的友情。尊重他人，会拉近人与人之间的距离；尊重他人，会使别人同样地尊重你！

被冤枉之痛

管思宁

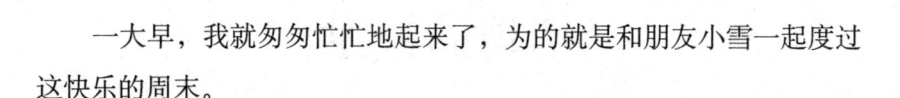

一大早，我就匆匆忙忙地起来了，为的就是和朋友小雪一起度过这快乐的周末。

小雪来了，还带了她最喜爱的水晶球和我一起欣赏。那个水晶球很漂亮，里面有一个色彩缤纷的家园，绚丽夺目。就在我们欣赏、谈论着美丽水晶球的轻松惬意中，这一天过去了。

第二天小雪又跑来我家了，她重重地敲门，似乎心情很不愉快。我打开家门，只见她的脸上挂满了"杀气"，怒气冲冲地对我说："快把水晶球还给我。"水晶球？我满脸疑惑，根本就不知道小雪她在说

什么！小雪大步走进我家，在我家的床前、桌子前翻来翻去，这边没找到，就去那边翻。把家里弄得乱七八糟的，根本无法收拾。就在我一脸疑惑之时，小雪转过身来狠狠地说："我知道你喜欢那个水晶球，但也不至于把我最喜爱的宝贝给偷去吧！"说着，说着，小雪的眼角就溢出了一滴眼泪，粘在眼角上，似乎马上就要痛哭一场了。我连忙抽了几张纸巾递给她，并解释给她听我根本就没有见过她的那个水晶球。可是这时候的她，哪里听得进去啊，一口咬定就是我偷走的。

继续翻，继续找。在她眼里水晶球一定就在我家。找着找着，小雪在桌子下的某个角落找到了一个水晶球，但是已经裂了几条缝，深深地扎进了水晶球原本美丽的面孔。仔细一看就是她的那个水晶球。小雪小心翼翼地捧起了水晶球，抱在怀里，狠狠地瞪我几眼，便拂袖而去。望着她那远去的背影，我心中委屈极了，小雪你冤枉了我，那个水晶球明明不是我拿的，只是你忘在我家了而已！

小雪，你对我的冤枉，就像是在我心中插进了一把刀，令我特别难受，它比水晶球的残样还要难看，它比水晶球的痛苦还要痛苦，也成了我心里永远的伤痕。小雪，为什么你不能相信我呢？

悄悄的鼓励

罗 薇

上三年级时，数学便与我结下不解的"孽缘"，不管我怎么用功，数学成绩还是提不上去，这不！一到期中考就乱了阵脚。

怎么办？怎么办？考试前夕，我的心情紧张中夹杂着一丝不安。平时不努力，考试就会像一颗定时炸弹一样爆发出来。

弟弟似乎看出了我的忧虑，说："姐姐，你怎么啦？"我懒洋洋地说道："怎么办啊？我明天就要期中考了，我数学老是考不好！我对自己的数学没希望了！"弟弟沉默不语，看他都对我的数学无话可说了，看来我数学真的很糟糕啊！不管了，反正明天先考英语，我就先复习英语吧！

夜越来越沉，我的心，就越来越不安。都九点半了，要睡了！我一边念叨着明天要用的文具，一边收拾："尺子、橡皮擦、垫板……"

睡之前，我还不忘看弟弟，咦！人呢？原来他还静静地坐在桌子前，这小鬼头，搞什么鬼？平时他比我早睡，现在却比我还睡得晚，不管了，睡了。

第二天，阳光明媚。我走进了考场，脚步十分沉重，仿佛是走到深不可测的悬崖边。一进班级，桌椅已经拉开，同学们有的在看书，有的在给对方出题。一切，都和考试息息相关。

英语，我最有把握，也最有自信。考完了英语就要考数学了，我一直在看数学书，等到发卷了，才把书收起来，拿出自己的草稿纸，拿出的那一瞬间，我惊呆了：上面写着几个大大的、歪歪扭扭的字——姐姐，jiāyóu！一会儿写字一会儿又写拼音，他才上幼儿园大班呢！写这几个字不容易，我深深注视着那几个大字，仿佛看到了他稚嫩的手拿着笔吃力地写着，这几个字像是给我打了鸡血一样。我就说嘛，弟弟不可能晚睡，他是要等我睡着了，把草稿纸偷偷拿出来，为我写考前鼓励。我深深地感动了。

考试成绩终于出来了，我考了九十分以上，我注视着那分数，仿佛觉得，那分数是和弟弟写的字有联系。弟弟！谢谢你悄悄的鼓励，让我建立自信，收获硕果！

幸福，就是有你在身边

陈 怡

你的到来，仿佛为我枯燥的生活添上一道永恒不变的彩虹，给我带来无尽的喜悦和满满的幸福。至今，我依然清晰地记得你出生那天的情景。

那天早上，我还沉浸在睡梦中。突然，一阵激动的叫喊声骤然而至："陈怡啊，你妈妈生了个小弟弟，白胖胖，好可爱。快点起来，我带你去看。"这话说得我是一脸茫然。"生了？弟弟？哎！不对呀，昨晚……""哦！"我思索片刻，瞬间明白。睁开眼，爷爷正手舞足蹈地比画着，眼睛亮得如同两粒水晶球，嘴角上扬着，不断催促着我。我匆匆赶往医院，看到了弟弟，皱巴巴的皮肤，紧贴着头皮的卷发，还带有一小条血丝，单眼皮，塌鼻梁，大鼻孔，唯一使我欣慰的就是和我一样的樱桃小嘴。我心中暗想："这么大众化，要是放在人堆里，我一辈子都找不着。"小宝并没有想象中的那般可爱，我有点失望。

日子一天天过去，随着时间的推移，小宝的颜值暴增，眼睛像宝石般晶莹，单眼皮变成了双眼皮，白皙的皮肤更是水嫩嫩的，仿佛轻轻一碰就会渗出水来，大长腿配上小脚丫，真是"丑小鸭变白天鹅"啊！他的人缘格外好，更使我惊喜的是大家一见到他都说"和姐姐很像"。这话说得我心里喜滋滋的。"这才是姐弟嘛。"我心中暗想。

渐渐地，我喜欢上了他。我们姐弟之间的默契正与日俱增。也许是因为对一切都感到陌生、新奇，每次醒来，他总是先哭后奏再观察，眼睛滴溜溜乱转，哪里有一点风吹草动，他总会第一时间转过去看个究竟。因此，我们又叫他"猪八戒"。或许是他出生之前我时常与他隔"肚"对话，因此，他对我可以说是"百依百顺"。都说姐弟情深，每当他哭时，我只要说"小宝，姐姐来啦，你看一下姐姐在哪儿"，他就会立马降低分贝，睁大双眼，环顾四周。我凑上前轻声哄哄他，他就会安静下来，将视线转移到我的身上，乖巧地看着我，眼里满是信任。我会趁机逗逗他。

如今，大家都说"小宝聪明"。每每听到，我总会引以为豪。因为每天他一醒，我就会向他碎碎念，导致现在的他"智商惊人"。打个比方，喂牛奶。我抱着他，给他喂奶，他总会咕噜咕噜，喝得像头小猪，所以容易呛到。妈妈便将奶嘴拔下。不过，经过我的"强化训练"，如今他喝得着急时，我一声令下"停——"，他便应声而止。他似乎还精通英汉双语，若说"stop——"，他也会刹车止住，有时实在嘴馋他还会偷吸上两口，这时一声"No"，亦可阻止其贪吃行径。

当然，我们的默契远不止这些。每天上学前，我总要与他道别。他若醒着总会"哼"的一声以表回应。当我把手指伸向他时，他总会紧紧抓着不放，眼里满是依恋。晚上回到家，他还会紧紧拉着我的手指不放，信任地盯着我。我学习累了，就抬头瞧他两眼，疲劳便随之烟消云散⋯⋯

如今的我，每天都活在蜜罐里，甜滋滋的。因为小宝的到来，我感觉幸福一直环绕在身边。谢谢你，我亲爱的小宝弟弟！

叫我如何不想她

黄子涵

偶然翻出一张照片，记忆翻滚而来，照片上的表姐，浅浅的笑，眼睛从弯弯的眉毛下温柔地望了出来，仿佛在鼓励着我。

小时候，表姐是我最崇拜的偶像。她温柔、知书达理。夏日的午后，我总依偎在她身边，沉浸在她如白兰花一般的笑中，听着她用动人的声音一遍一遍地讲故事，那一个个字清晰地从她嘴里蹦出来，温柔地拉着我进入了一个奇妙的童话世界。

后来，我上了小学。我听从表姐的话，勤奋认真地，把一张张奖状领回家，而她总是笑着、鼓励着我继续加油。她在我困难的时候耐心地帮我寻找光明，在我自大的时候用警告的语气让我始终不敢狂妄。在她的引导下，我的成绩越发的好。

当我步入少女时期，她却出国读大学了。我与她见面的时间越来越少。我怅然若失，只能在妈妈口中"优秀的表姐成功的故事"里，捕捉到一点儿她的样子，仿佛她还是那个耐心、温柔、鼓励我不断进步的表姐，然而她却不在我身边。于是，那时的表姐，融入了我思念的长长的河里。

偶尔见到表姐的几天，变得珍贵起来，越发使我兴奋不已。我会和她聊天到半夜，她仍是那么温柔，用耐心包容了我少女的小秘密，

给我建议，在我迷茫时给我指明方向；她也用心地教育我，却不像长辈那么严厉的语气，而是一点点教导、引导我，对我也有责备，但总是温柔的。在我眼里，她从一个偶像，变成了一个知心的大姐姐。

再后来，我从妈妈口中得知，表姐读了博士，从国外一所顶尖大学毕业，我为她的成功而喜悦，耳边响起她的话语："你要努力，不断学习，不断超越。"我的成绩开始不稳定，是粗心？不，就是不用心、不努力！在表姐眼里，"失误"二字是不存在的，它们应该被更加努力认真所替代。每当复习到深夜，困得想放弃的时候，我总能想起她微笑动人的脸庞，便眨一眨眼，继续学习。于是现在，她成了我学习的动力。

表姐，我崇拜的偶像，知心的大姐姐，学习的动力。每当夜深人静之时，我总会想起她及她坚定的话语。望望照片里她的笑，那么温柔，那么耐心，这样的她，叫我如何不想念。

你是我最牵挂的人

林珈羽

你为了我毫无怨言，做得认真，做得细腻，做得纯粹，乐此不疲，即使老了，病了。

是的，我的奶奶。

现在，她再无法无微不至地关心我了。她生了一场大病，是在生我父亲时落下的毛病——子宫下垂。她的时光，慢了，思考慢了，

幸会，再见

行动也慢了。想从前，一边拎着玩具，一边逗我笑，另一只手打着算盘，"噼里啪啦"一阵记账。当时我何曾想到过奶奶为我付出了这么多。可如今，她连手指头都摆弄不清楚，我日夜担心奶奶，生怕，一不留神，奶奶的时光就走了……

奶奶的时光慢了，像拖着脚的时针，漫无目标地走着。

节假日，回到老家见奶奶，她早已消瘦得不成样子。我们一家人最牵挂的，就是她了。最近，她的肠胃又出了问题，吃不下饭，更吃不得一点油腻。想从前，一家子围在一桌，奶奶总是站起来给我夹菜，说："乖孩子，长身体，多吃点。"一家人热热闹闹，吃个两三碗饭都不成问题。不过在今天，奶奶一见到我还是想给我夹菜，可是，她老了，夹东西手都会抖。我最牵挂的人啊！奶奶，她老了。

奶奶的时间一点点地流逝，去抓，却留不住。

老人啊！记忆力衰退了。几天前，甚至刚刚那一刻想说点什么，也会忘。想当年风华正茂，清清楚楚地能把一个月的账都给记得清清楚楚，几个月前的事也不会忘。如今，她记得最深的就是我，牵挂我最多的人还是她。

奶奶的时光，慢点，再慢点！可时光像一只在草原上奔跑的野马，不等人。

我最牵挂的人啊，奶奶！让我们一起珍惜我们之间共同的所剩无几的时间，体会爱的价值。

奶奶，别忘记：您是我最爱的人，最牵挂的人！

卖　书

唐晓娴

秋风送爽，温暖的阳光洒落在人们的肩上，只听见耳边一阵阵传来的声音："卖书啦，卖书啦！"各个书摊都别出心裁，有的在卖书时送小赠品，真让人心动；还有的人想出了买书参加抽奖活动……真是"八仙过海，各显神通"。这是学校阅读节的"跳蚤书市"，热闹吧？

站在我身旁的同学很快就卖出了第一本书，他们大声叫卖着，一个接着一个的顾客去买他们的书。

看着站在我旁边的同学卖出一本又一本书，而我这里却毫无进展，堆在眼前的书本毫无动静，似乎也很无奈。我该怎么办？跳蚤书市是有时间限制的，如果到了时间我还没卖出去，多丢人啊！大家这么信任我，派我当销售员，可是现在的我却不敢叫卖，想到这，我不禁低下了头。

旁边的同学似乎看出了我的心思，在我耳边说道："你叫卖了才有人来买你的书呀，没事的。"我抬起头，她轻轻帮我拭去鬓角的汗水，笑微微地望着我。

于是，我便开始第一声吆喝，"快来买书呀，又便宜又好看！"旁边的同学扑哧一笑，说："你是说给自己听的吗，大声叫出来。"

在尝试了数十次后我终于大声地叫出了一句:"买书啦!"话音刚落,就来了一位低年级的小顾客,穿着一身漂亮的公主裙,像极了书本中的灰姑娘去参加舞会的样子。我抿了抿嘴唇,紧张地对她说:"小妹妹,你要买什么书呢?"她睁着大眼睛,看了看我,又看了看书摊,一声不吭扭头就走,我的心瞬间凉了半截。连推销的机会都没有给我,看来这次又泡汤了,唉!

操场上依旧熙熙攘攘,热火朝天。不一会儿,那个可爱的灰姑娘又回来了,是带着四五个小女生一起来的,她甜甜地对我说:"我有这么多好朋友呢,要买很多很多书。"说完,她们便开始挑选书。我愣了一会儿,心里是又惊喜又意外。几个小朋友争先恐后举起书来说"我要这本!""我先我先,我要买这本!"我便一个一个地把她们带去买单。就这样,我的书摊一下子就卖出了将近十本书。

又一位小弟弟来了,这下子我完全一扫忐忑紧张的心情,马上上前问道:"小弟弟,我们的书都非常好,书中有很多知识是你不知道的,买几本吧?"虽然这次生意又"飞"了,但我却一点都没有泄气。

天上的太阳公公也想看我们的拍卖会,毫不遮挡地倾注着他的热情,我已是满头大汗。此时,一位老师上前问道:"这书挺好的,你卖多少钱?"这位老师的到来就像一阵及时雨,把我心中的"急火"给浇灭了。我有点儿紧张,吞吞吐吐地回答:"五元,原价可是要十八元的!"老师说:"嗯,好的,我再看一看。"我默念着:"一定要买啊!"后来这位老师一次买去三本,我信心大增,马上乘胜追击,继续大声叫卖着。

后来,陆陆续续有许多人来买书,一个小时过去了,书终于卖得差不多了,剩下的两本作文最终以两本三元的超低价卖光了。

"丁零,丁零……"下课铃响了,不知不觉中我们圆满结束了一年一度的书市。这样有意思的活动真想再参加一次呀!

书香四溢

林舒晴

沏一杯清茶,书香在茶叶间缭绕。阳光透过树枝的缝隙斑斑驳驳地洒下,坐在公园的长椅上,书香四溢。

微风轻拂,捧着一本不厚的书,摩挲着书的一角,轻轻翻过。霎时间,书页与空气相触,书上淡淡的香味溢满了鼻尖。眼中满行文字,一个个动人的故事,一位位善良的主人公,我仿佛徜徉在书的海洋:月光下,我和李白品茶论诗,一起爬不老山,采摘白云红霞;花香里,我和李清照赏景谈词,在荷花塘中,船桨划出淡淡水纹;朝霞下,我与苏轼煮酒欢饮,登山踏青,探访不老的神话……

一篇经典之作,能让人百读不厌。夜晚,夜来花香在房间弥漫。轻轻踱步到房间,打开台灯,温暖的橘黄色灯光洒满我的小桌,放上一本《绿山墙的安妮》感觉心中充实了些许。翻开书,那是不老的经典!抿一口柠檬水,仿佛书中的内容融于舌尖,一幅幅画面在脑间炸开:漫步在山清水秀的小农庄,蝴蝶翩翩飞舞,雨后的天空挂上彩虹,我与安妮一起抓蝴蝶,她与我讲她的故事……沙沙——一下子睁开眼睛,回想刚才的幻想,不禁轻笑。每天坐在月光下,那是我最自由的时刻,自由地在世界各地飞翔:大本钟下有我开心的身影;埃菲尔铁塔下有我坚实的脚印;自由女神像旁有我欢乐的笑声;普罗旺斯薰衣草园中有我兴奋的眼神……每晚遨游在世界各地，每天飞翔在宇宙之中，带着书香，品着文字，看着风景，书香飘满全世界！

　　天上繁星点点，草丛萤火纷飞，美丽的光芒在闪耀。坐在秋千上，轻嗅书香，书是我的另一双眼睛。这双眼睛让我明白了善良是什么，善良是《灰姑娘》中灰姑娘的默默无闻；这双眼睛让我明白了邪恶是什么，邪恶是《白雪公主》中王后的毒辣心肠；这双眼睛让我明白了美丽是什么，美丽是《海的女儿》中姐姐们的真情善意；这双眼睛更让我看透了人，人的品格。这双眼睛是飘着书香的眼睛，是拥有智慧的眼睛！

　　书香伴着我，不知度过了多少个春夏秋冬。如今我已十一岁了，五六岁时懵懂，七八岁时渐渐长大，现在已然是一名快毕业的小学生了，是书让我从懵懂到成熟，是书伴我成长。花开花落，云卷云舒！那些美好的岁月，书，我与你相伴永不改变；书，你是我一生的挚友，永不改变……

　　再次捧起你，依旧是那股熟悉的香，依旧是那样清新，或许这就是智慧的味道！

雨·书

黄子茜

　　台风来时，我正在书房中看书。狂暴喧嚣的风雨，不时透窗而来。"哗哗"的雨声有节奏地连成一片。但屋外的风雨越大，我越感觉到书房的幽静，并且能感受到微微透出书的淡香。

已经太久没有如此悠闲、清静的看书时间了。前几个月，隔壁装修沉重的"咚咚"声，马路上汽车的呼啸声，人们的吵闹声都让心无法平静。终于，台风带着千万束细细的雨丝来了。屋里只剩下雨珠滚落地上和在窗户上弹跳的声音，以及时而传来的清脆鸟鸣。我依靠在窗台边的座位上，望着外面晃动着的绿色的树荫，手中抱着几本厚重的书，心中是一片温暖和宁静。

我爱书，爱纸页翻过时的清脆一响，爱书页散发出的淡淡墨香。窗外的雨像一阵水雾，在窗子上留下点点钻石般的水滴。我读着《战马》感受着"一战"的惊心动魄，战马"乔伊"的勇敢坚强；我读着《红楼梦》，不禁感受到作者那一颗包容万物，理解一切的高尚之心；我读着《朝花夕拾》，看见了鲁迅的童年，听见了封建社会劳动人民的哭诉……书和雨一样，是一件能纯净人们内心的东西，它能改变人们对世界的看法。

记得也是在一个下雨天，风疯狂地撕裂着榕城，云飞得极快，窗户"嗒嗒"地鼓动，门也不时地被风关上。这是一种什么天气啊。心和思绪都乱成一团。翻开书，想借书本来忘记这一天，可是楼下突然传来一阵叫花子咿咿呀呀的讨钱声，原本就是狂风暴雨的天气，这下子似乎更吵闹了，原本烦躁的心情，也更加气恼。我读着《童年》，是咬牙读着的。高尔基笔下的那个混乱悲惨的世界，展现在我眼前，主人公悲喜交加的命运，像把刀子划过心上。突然，我觉得心里的那股烦闷一下子不见了，楼下的讨钱声变成了可怜的呻吟，雨也轻柔了许多。悲就在作者的笔尖一直流淌到了我的心中。不同的书记载着不同的经历与情感，只要你愿意拿起、打开、走进，他们就会乐意让你去了解他们要呈现的不同意义，这就是书与阅读的魅力所在。

窗外的雨淅淅沥沥下个不停，夕阳的一抹金辉让雨丝金光闪闪，风雨越发响亮，书越发精彩。

的确,书和雨是分不开的!

异乡思绪

钟心悦

记得最初听到李白的《静夜思》,老师的讲解是那么浅显易懂,诗句郎朗上口,意境了然于胸,这种平实朴素的风格令我印象深刻,整首诗常常脱口而出,于是《静夜思》成为我幼时诵读表演的保留节目,我也自以为读懂了它。

直到今年,我有幸参加了学校组织的加拿大游学,人生头一遭离开父母在国外独自学习生活了多日。刚到加拿大时,难得"自由"的我自然是天天开心、乐不思乡,可是一周下来顿顿不停的西餐过后,不听话的肠胃开始想念家里香喷喷的饭菜了。在一个微寒如秋的夜晚,不知为何,我辗转反侧,难以入眠,忽然想起今天妈妈打来的未接电话,不知此刻,爱唠叨的父母是否还在惦记着我?一时间,脑子里满满的都是想家的念头,浓浓的,有说不出的味道。

夜已深,听风路过窗外,还夹杂着些许枫林的清香。

我起身下床,拉开帘子一角,空明澄澈的月光正洒向幽静的庭院小路,抬头只见天边一轮白玉盘挂在青云端,不禁想起了李白的《静夜思》:"床前明月光,疑是地上霜。举头望明月,低头思故乡。"此刻,我真真切切地体会到了诗人的心情和感受,明白了游子所期盼的"海上生明月,天涯共此时",在这离家千万里的异国他乡,我开

始感悟这些朴实无华的古诗词所表达的深远意境！

　　诗如同曲径通幽的中式庭院，是那么神秘美丽，随着时间空间的推移，给人带来不同的理解和思考，它是可意会不可言传的百转心境，它所给予我的人生领悟，难以尽述，只能用成长去印证。

不错过那次南飞

林子铎

　　妈妈叫他飞翔，他的翅膀扇着，一会儿就泄气地倒地大喘："我们为什么要飞翔？"

　　"鸟生来就要飞，既是为了躲避敌害，也更是为了南飞！""南飞？"他好奇地询问。"我们雁群每年冬天来临时都要飞。"哇，哇，哇"雁宝宝出生了，带着几阵哭声。母亲慈爱地用翅膀抚摸着，雁宝宝眨着大眼睛扑入母亲的怀抱。宝宝一身灰黑色，娇小的躯体显得弱不禁风，一副不知世事的样子，实在是惹人喜爱。往南方避寒，要具有高超的飞行技术。好奇心所携的动力，使他更加努力了几分。

　　天气渐暗，秋风肆意地吹着枯黄的树叶，落叶仿佛在空气中划出了一道优美的弧线，一切都是秋的佳作，雁群似乎整装待发了，然而雁宝宝却不知去哪玩了。母亲呼叫着他的名字，却回以一片浑然的空寂。母亲一遍又一遍地呼喊着，皆是徒劳，"大家找找看吧，先延迟一天出发。"雁群首领不得不做出了决断。

　　"我要飞得更高，马上就要南飞了！"雁宝宝不知已与雁群走散了，他在练习飞翔，希望有一天，他在南飞时成为飞在最前方领头的大雁。

两天过去了……

"现在必须离开，不然大家都会冻死。"首领无奈地做出了这个艰难的决定。几只雁伤心地说："要不再等一两天吧！""……我们走吧。"雁妈妈忍着痛，拭着泪，说道，"找了两天两夜，终是没找到，大家的安危重要，我不能太自私。"在苍凉的暮色中，"人"字形的队伍飞上蓝天，只是总觉得有所欠缺。

在草地上的某个不知名的角落，雁宝宝恍然瞥见天空之上的一排人字雁队，顿时说不出话了，泪水喷涌而出，它拼尽全力地奔跑，想向上飞，但在一片秋黄色中显得是那么无力，身旁枯黄了的野草妖艳地摆弄着身姿，摇着头，似乎是一种嘲笑，昆虫在它头顶上掠过，似乎是一种不屑，它咬紧牙关，奋力飞起，但没过多久就被微弱的秋风吹倒在地上，一次一次的失败让他几乎想放弃，"不行，我不能错过这次机会！"他似乎挣脱了地心引力，成功地飞了起来，紧接着是靠着毅力不断加速，赶上了队伍。雁妈妈惊喜地流下了眼泪。

在天空中的一排人字雁队，似乎变得更加完美，每年都是那么美，在暖阳下的照耀下显出和谐的景象。在队末的那只小家伙似乎在逐渐变大，缓缓向前靠拢，终于飞在了队伍的最前方！

我是一只蟑螂

何佳亿

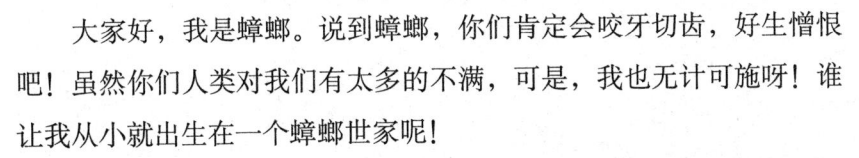

大家好,我是蟑螂。说到蟑螂,你们肯定会咬牙切齿,好生憎恨吧!虽然你们人类对我们有太多的不满,可是,我也无计可施呀!谁让我从小就出生在一个蟑螂世家呢!

我的"家",在一户人家卫生间的地漏里。那里阴暗潮湿,冬暖夏凉,可舒服了!一天晚上,我的肚子饿得敲起了鼓,我就小心翼翼地爬出地漏,来到了厨房里,哈!桌子上摆着一罐我最爱吃的香麻油!我轻轻地用触角舔,啊!真是太美味了!幸福来得太突然,悲剧也来得太突然,"啪"的一声,灯亮了,主人来了,我头顶上哗哗吹着一阵狂风,我见状,撒腿就跑。"咣、咣",好些东西从我背后浇下。我左冲右撞,终于逃回了自己的洞穴。可是,地漏的盖子是盖着的!我匆匆改变路线,奔向卧室,展开蛸翅,飞进了衣柜,主人见找不着我,便一头栽在床上呼呼大睡。

半夜,我的肚子实在饿得不行了,就又打起了游击战,悄悄溜出了卧室,再次爬进厨房,嘿!那罐香麻油还在,可我敏捷地捕捉到了有什么东西在响,我赶紧溜到了椅脚旁,有人蹑手蹑脚地进来了!啊,什么东西!他竟然踩到我了!我疼痛万分,没有一点儿力气可以反抗,只能任凭这个人处置。他用一张面巾纸捏着我的触角,一手捂着鼻口,把我扔进了马桶,我被冲进了下水道,一阵湍急的水流又将我带入了一个水管。这眼前的一切好熟悉,是我的"家"——卫生间地漏!到"家"时,我早已奄奄一息,我心中发出了无限的感慨。

人类啊,你们总想要我们离开你们的地盘。殊不知,我们要求的环境是"脏、潮、臭、乱"的,如果真想让我们绝种,自己得先变干净啊!

鸭妈妈的城市行

林夏天

在一个晴空万里的早晨,鸭妈妈决定带着破壳不久的小鸭子们去趟城市,让它们见见世面。

"嘎嘎嘎",小鸭子们在鸭妈妈的带领下,憨态可掬地漫步在温哥华街头,前面是马路。鸭妈妈回头看了看小鸭子们,又望了望挂在天上的路灯,灯上闪烁着红光。鸭妈妈忙招呼那些有着迷茫眼神的小鸭子们跟上。

它们来到马路中间。正在焦急地等绿灯的司机,看见一群鸭子大摇大摆地横穿马路,很是新奇。许多的脑袋不约而同地探出来想仔细看看。另一边,小鸭子们也是第一次见到汽车,边过马路边向车主们投来好奇的目光。

啪嗒!这声音惊动了鸭妈妈,它猛地一回头,发现走在最后的小鸭不见了踪影。小鸭子们望见了脚边的那个井口,它的井盖没盖好,底下的水花哗啦哗啦地溅得老高。鸭子们顿时大声地向旁边"嘎嘎嘎"地呼救，可司机们再一次投来好奇的目光——没有人能听得懂小鸭们说的话。

就在这危急关头，鸭妈妈沉着冷静地冲向不远处的巡警，想向巡警求助。它使劲儿啄巡警的脚，用嘴拉他的裤腿，将不明真相的巡警硬拖到了井边。

鸭妈妈刚松了嘴，不明就里的巡警便想往回走。鸭妈妈急了，扑着翅膀尖叫。巡警不耐烦地一转头，在下水道扑腾的小鸭子溅起的水花淋到了巡警的鞋子上。巡警往下水道一瞧，哟！只见一只小鸭子落在水中扑腾，他立刻明白了鸭妈妈的用意，什么也没说，就徒手将小鸭子捞了上来。

大家见巡警的手中捧起一只湿淋淋的小鸭子，又见鸭妈妈停止了呼叫，都明白了，一起称赞鸭妈妈的机智。

八十二难

郭铠宁

2016年春，当《迈腾经》运抵藏经阁时，如来佛第一时间用QQ通知了唐僧。唐僧师徒四人得知后，立即"自驾游"前往藏经阁。到了西天，八戒惊奇地发现曾经"茅檐低小"的藏经阁已鸟枪换炮，变身为比台湾101大厦还高的摩天高楼了。八戒绝望地感叹道："这么高的楼，我该怎么上去啊！"悟空冷静道："莫急，待俺老孙先去瞧

瞧。"说罢，便半个筋斗云翻进了藏经阁。不到半分钟，老孙出来了，神秘曰："内有电梯。"八戒应声答曰："那快进吧。"师徒四人鱼贯而入，乘梯直达顶楼，参拜了如来，取得真经，出得佛堂。

恰逢"休闲号"梯门洞开。火眼金睛的孙悟空一下子就看出里面有猫腻——无证电梯，立刻提醒道："此乃无证梯，隐患重重，不可大意。"岂知师父师弟不以为意，应声答曰："佛门圣地，无证无妨。"说罢，唐僧便拉着沙僧捷足先登，八戒也一跃而入。谁知电梯陡然下坠，师徒三人吓得面如土色，叫苦不迭："有妖怪，有妖怪，悟空救我！"悟空立刻通知唐僧曰："快靠墙，蹲马步，抓扶手，按下楼层键！"唐僧忙一把抹亮了整溜儿按键，并凑近梯内对讲机喃喃道："取得真经，进得假梯，佛菩萨保佑，佛菩萨保佑……"幸亏佛菩萨保佑，也幸亏自救得法，电梯在下坠了十八层时停住了。刚一停稳，八戒挥耙就要撬门，老孙忙喊："八戒，住手，等待救援！"

在佛菩萨们的抢修下，一炷香的功夫，门开了，一贯莽撞的八戒急匆匆准备夺门而出。悟空又喊："八戒，止步，先看是否已停到楼层为妙，免得跌入电梯井的万丈深渊摔成猪肉酱！"生性谨慎的沙僧细察了一番，出梯确可"脚踏实地"，便扶着师父出了梯，转乘有年检证的"修行号"电梯，将真经安然无恙地带回了东土。

聪明的同学们，你们知道唐僧取经的第八十二难是什么吗？就是这起有惊无险的坠梯事件呀！

最美的时光有你们

三毛曾说,岁月极美,在于它的必然流逝。春花、秋月、夏日、冬雪……在这最美好的时光中,有着美好的点点滴滴,它们汇集在一起,方显青春的珍贵、岁月的华美。

永久的粉笔字

管思宁

薇薇是我最好的朋友。她那圆嘟嘟的脸蛋嵌着一双水灵灵的大眼睛，和一张红润的巧嘴，再加上嘴角浮起的轻轻微笑，可爱极了！

周五下午，太阳烘烤着大地。这天气使我变得非常烦躁，一直在教室里打转，依旧没有找到能帮我写大黑板的人。大黑板是全校日常评分结果，耽误不得。我嘴里反反复复念叨着："谁能帮我写大黑板。"教室里有几个答应的声音传到我耳边。"快点儿哟！"然后就兴致勃勃地到大黑板前，等待着她们。

过了好久，我实在等不住了，就开始自己一个人在大黑板上，慢悠悠地写。风一吹，手中的表格没拿好，飞得到处都是。我东捡捡，西捡捡，一点也不轻松！心里开始抱怨她们不守时。

正当我满脸怒火时，一个人拍了一下我的肩膀，"嘿，对不起啊，我来晚了，让你久等了。"我转身一看，是薇薇，她来了，手里还握着一根粉笔，看来要准备帮我的忙啦！我顿时阴转晴。笑嘻嘻地递给她一张表，她马上接过去。她一手握着粉笔，一手拿着表，就开始一丝不苟地写粉笔字了。那字是那么工整，那么清秀，果然是字如其人啊！

正当薇薇在认认真真地计分时，我尖叫了一声，说："怎么办啊，我写错了好多！"听到这不好的情况，薇薇连忙跑过去一看。糟糕，果然写错了，如果要改，要大片大片地改，可麻烦了。薇薇对我说："没关系，我帮你来改吧，你去写我那边的吧，不要管我。"我只好结结巴巴地说："……好……吧！"这时，薇薇变得更加谨慎了，似乎想快点帮我整改完错误！她用她最漂亮的字体，将字工工整整地书写在上面；她用她最认真的神情，将"马虎"驱走，将"粗心"赶走 。这时我的心里涌出一股暖流，没想到她那么乐意帮我修改，换作别人说不定没那么乐意。

又过了许久，薇薇跑过来说："怎么样，怎么样，我有没有改对？"我伸头一望，哇！那片错误的地方，不仅改正了过来，字迹还被薇薇改得更加工整了，简直是天衣无缝啊！我回头对薇薇说："谢谢啦！""谢什么啊！"薇薇一边用手擦着汗，一边对我说。这时，我才发现，薇薇的额头上布满了一大颗一大颗的汗珠，就像断了线的珠子一样，从额头划过脸颊。看得出来她很用心地帮我。

突然，我发现还有材料没有带来："薇薇，我先回教室一趟，你能不能先在这帮我，我马上就回来！"我对薇薇说。薇薇点点头。等我回到大黑板前，映入我眼帘的是：大黑板上的字工工整整，内容全部写好了。太阳快落山了，树叶也在沙沙作响，春风微荡之中，花儿像透明的玉屑，像她美丽的心。望着风中的我和她，心里有一种说不出来的感觉。在风的"催促"下，我和薇薇迎着风，结伴出了校门。

看着大黑板上薇薇写的粉笔字，我清楚地知道，虽然这大黑板上的粉笔字很快就会被擦去，甚至一点痕迹都不会留下，但是在我心中却是永久的，是我一辈子都不会忘记的粉笔字；它不只是简简单单的粉笔字，还是一份友谊的见证。

竞选之美

张景尧

"同学们，转眼已经升入五年级了。这几年来，有很多同学没有担任过班干部。如果是我，会觉得很遗憾，希望大家踊跃报名参加竞选，因为这样的机会不多了。"在老师的鼓励下，我决定参加班干部竞选。

既然要参加竞选，那就要全力以赴。每天晚上，作业一写完，我就准备我的演讲稿，稿子经过了反反复复地修改，直到满意为止。离竞选的日子越来越接近了，我常把演讲稿带在身边，抓紧时间默诵。那天，同桌让我把演讲稿给她看，我同意了。出乎意料的是，她竟然主动说："我来帮你修改一下吧！"她抓紧所有的下课时间，一遍遍地帮我看稿，听我演讲，总共帮我修改了三处。我看了看，经过修改的演讲稿的确更充实了。有了她的帮助，我更加自信了。

竞选的那天终于来了，我在下面静静地等着。啊！终于轮到我了。我快步走上台，同学们的目光从四面八方向我射来，仿佛一支支无形的箭，又像是一条条无声的绳索。我莫名地紧张起来，感觉咽喉好像被一双无形的手扼住了，想说话却发不出声音。这时，台下的小A同学偷偷向我竖起了大拇指，我望着他，午后的阳光透过窗户正好照着他满含笑意的脸庞，一切显得那么美好。我的心一下子平静下来，开始滔滔不绝地讲起来……

　　我的同桌，她的及时相助让我深深感动；那位在我演讲关键时刻向我竖起大拇指的小A同学，他的鼓励给了我巨大的勇气。竞选的美，也许就在于别人对你无私的帮助。因此，当我走下讲台，我更加了解竞选班干部的意义：为那些友好真诚的同学们服务，让班级变得更美好！

最美的时光有你们

林罗谚姿

　　时间如沙漏般飞速逝去，昨日的美好成为今天的过去，日子一去不复返，只剩下脑海中片段式的回忆。

口是心非

　　阳光透过稀薄的云层，照耀着大地，晃得睁不开眼，我们正在操场上罚站着，大豆般的汗珠从额头上滴下。

　　"要不我们让孩子们挪到树荫下吧，别把他们晒伤中暑了。"两位教官小声商量后让我们转移到树荫下站立。"原来教官还是挺善良挺有人性的嘛。"一位同学高兴地大声说道。"别以为我们是心疼你们才带你们到这儿的，在这儿，你们要站得更久！"教官面无表情严厉地说。"明明就是口是心非嘛。"我小声嘀咕。

哈哈，原来，教官也这么可爱，口是心非，装得可一点不像，还不是被我们识破了。

恋恋不舍

"今晚是军训的最后一晚，回到宿舍每人写一篇心得体会，明天早上交给我。"教官说完，我们便解散回到宿舍。我静静回想了这几天的点点滴滴，有许多话想要对这次的军训说：五天匆匆过得太快，好像还没开始就已经结束。小林，是她教我这个娇气的"公主病"患者学会了洗碗、洗衣；真真，是她在我感冒时跑前跑后地照顾我；陈老师，是她一遍遍地帮我练习舞蹈，让我在会演中大放异彩……当大巴车驶过军训基地门口，教官们用标准的军姿向我们敬礼，目送我们离开时，我的眼睛渐渐湿润了，离别的不舍涌满心间。

因为有你们，这段时光成为最美的回忆。我想，我们现在经历的每一点、每一滴，不论是苦、是甜，都会成为我们记忆中的最美时光！

特别的午餐

林涵敏

"丁零零！"下课铃响了，我们带午餐的小伙伴像一群山雀，欢叫着飞出教室，奔向食堂。大家麻利地在大蒸笼里寻找自己的饭盒。

我两眼一瞄，很快就找到了自己的饭盒，迫不及待地把它端起来，捧得高高的，回到自己的座位上！打开饭盒一看：哈！雪白的大米饭，一颗一颗的，似乎已经准备钻进我的肚子里哩，它们散发出阵阵诱人的香味，馋得我口水直流。菜盒里是妈妈精心为我烹制的糖醋大排，黄焦焦，滑溜溜，正是我最爱吃的。

我咽了咽口水，连忙盖好饭盒。"开饭啦！糖醋大排白米饭。"我学着电影里的样子，一边喊，一边向教室走去，待会儿同学们一定会羡慕死我的。谁知快到教室门口时，偏偏一脚踩空，"砰"地摔了一跤。爬起来一看：哎哟，我的天啊！饭洒了，白米饭变成了灰米饭；菜泼了，糖醋大排也成了泥拌大排。看着这幅惨景，我的心一下子凉了半截，刚才的那股高兴劲儿早就无影无踪。怎么办呢？回家去吧？不行！爸爸妈妈中午都在工厂加班不回家吃饭的。上街去买点心吧，身上又没带钱……我呆呆地望着洒在地上的饭菜，急得眼泪都快掉下来了。

"小林，来，吃我的！""我菜好，还是吃我的！"

不知什么时候，班里的同学已经围了过来。他们七手八脚地帮我扫掉了地上的饭菜，收拾好饭盒，拉着我走进教室，争着要把自己的饭菜给我。

究竟吃谁的呢？谁也不会带的太多，吃了他们的，他们就不够吃了，我左右为难了。最后还是班长灵机一动，想出了一个好办法——每个人都匀出一点饭和菜来支援我。

这一下可热闹了，眨眼间，就像变魔术似的，我的饭盒里装满了米饭、面包，还有小笼包子；菜盒里装满了红烧肉、笋片肉丝、葱炒蛋……真是丰盛极了！

望着同学们那真挚的目光，望着这满盒的饭菜，一股暖流涌上我的心头……这是我吃的最特别的一次午餐。

我们的故事

谢昕翰

人生每一次交集，总会产生一段或长或短的故事，而这几个男孩儿的故事，一直在节奏与旋律与破锣嗓子唱歌声中回荡。

"你会弹吉他吗？哦，我会打鼓耶，我们那个在合唱团里的男生好像挺会唱歌的，要不，我们组个乐队吧，好吗？"当其他人还在因为陌生而沉默寡言时，我们早已有了首次相识，并且很快亲如兄弟。

"曾梦想仗剑走天涯……"我师从了吉他手恩师的兄弟——架子鼓老师"老张"。在小小的排练房里，连过路都要踩着各种音箱接线，我们每次抄起鼓棒，拿起吉他，开嗓高唱，总是有着最美的旋律、最动听的歌声。夜晚练习，排练房里有我们两人与两位老师，吉他手边唱着歌，练着，一遍又一遍。一通练到21点50分，没有疲倦，还说笑着。

"那是天涯，不是天鸭！"

"我没唱天鸭……"

鼓励着，扶持着。不管是两个人、三个人，还是只剩一个努力着，没人会疲惫，都拼尽全力向共同目标前进着。

"科艺节来了，我们就演这曲吧！"自从决定了要参加科艺节选拔，天台与选拔场（多媒体教室）就成了两点一线，我们拼搏的梦想路线。中午时间千方百计申请出来，傍晚一刻挤出时间迅速集合，我们跳过矮窗拿出椅子，溜进场地架起器材，费尽口舌说明不是违章扰民。

"你的鼓棒又没带，还打算靠手拍吗？"

"主唱大人哟，跟着旋律哟，是'速度七十迈'啊，你别再唱'其实卖'了！"

"哈哈哈，扫把做吉他，和弦弹得开心吗？"

我们天天都嬉笑怒骂，相互调侃。一起屏住呼吸闪躲检查，一起轻声吟唱互暖人心，每个人脸上都洋溢着笑容，我们永远都开心。

过了快一年了，如今回想那天台，想起那熟悉的旋律、不超二十米的小道、几张搬来的方椅、一堆器械与那数九寒天的大汗淋漓。这几个少年，真不知什么事没干过，都在对方的生命里留下最浓墨重彩的一笔。

正是这一支死扛着比人大的乐器走过大半个学校的乐队，终究因为主题不符而没收到请柬。当默默搬出乐器的一刹那，没有人抱怨对方，我们只是仰天大笑，笑拼搏过的我们，笑跳窗的傻招。

感谢你们，在我生命里留下十年，二十年，永远认真执着地，将散落的乐器，变成我们美妙的音乐故事。

青春无悔

王琰璇

青春啊，就像是老旧的绿皮火车，摇摇晃晃地载着我们前行，时不时惊险无比。但是它居然行驶得很快，快到转瞬即逝，让人措手不及。我才刚刚踏上这样的路途，才刚刚学习去理解何为青春，学习去做到青春无悔。

我重视自己的学业，也一直在为此努力着，奋斗着。有的时候，觉得很累，但正是因为这种压力，让我的每天都很充实。每一次的成绩下来之后，有进步，我就会觉得开心，想着当时自己的努力会不由自主地笑；退步了，不免会有些失落和挫败感，但也会马上赶跑这种不好的情绪，告诉自己，下一次一定会考得比这次、比之前都好。学习，这是我作为一名学生，最基本的责任。它让我觉得自己的存在是非常有意义的。我的生活，也因为它而变得很充实。但认真的学习，仅仅是让我青春无悔的一个原因。

歌德说："哪个少女不怀春，哪个少男不钟情。"作为少女，我也会幻想未来的爱情。我很感性，对一切感人的事情都无法吝啬自己的眼泪；我喜欢甜蜜的剧情，也会因为自己的喜欢而尖叫；同样的，我喜欢萌萌的糖果和小熊布偶……因为这一切，无不触动着我的少女心。我啊，就和所有的女孩儿一样，有着这些专属于正值青春的姑娘们的幻想。自然地成长，不刻意改变自己，也是青春的无悔。

　　我爱和朋友相聚。一群青春中的快活丫头凑在一起，会产生什么化学反应？答案显而易见。我们一起谈论八卦，一起逛街，一起做着我们认为快乐的事情。很多时候，我都会把心事先给朋友说，在她们那里我会得到鼓励，会敢去和父母沟通，互相了解。被人欺负了，有朋友护着；遇到困难了，有朋友帮着；伤心难过了，有朋友陪着。这种感觉真好。我真幸运，能交到这么多真诚的好朋友，给我带来美好的青春时光。

　　青春的梦想似乎遥远，它就像笼上了一层非常神秘的面纱，捉摸不透。可能，会有人这么说："年纪轻轻的孩子，有什么梦想？"难道年纪小，就不能有梦想了吗？相比于考上清华北大、出国深造，我觉得，那只是一个目标，梦想要更远一些。我的心里，梦想应该在一个很高的地方，想找到它必须要爬上万仞高的山峰。我期待着，用我的不懈努力迎来实现梦想的那一天！

　　我喜欢在学业上取得成就的快乐，同样也喜欢被电视里的粉红泡泡所围绕时的脸红心跳；喜欢一起做好了一件事情后和朋友们的碰拳击掌；喜欢在追寻梦想的路上遇到挫折，又爬起来告诉自己下次一定行的坚定……毕竟一生只有这一次，要好好度过才行。如果，有一天我未来的自己能来找我，我就可以告诉她："我已竭尽全力！"

　　虽然我才刚刚踏上青春的旅程，虽然在车上还看不到终点。但我还是想对我的青春说："谢谢了，我的生命里，有这样的你出现，我从来就没有后悔过！无论是过去，还是现在，甚至是将来，我都不会后悔。"

青春在，梦就在

蔡 鑫

青春的我们总是懵懂无知却又冲动的。我们在青春这张活跃的纸上谱写一行行音符。而最完美的一篇，非梦想莫属。

有人说梦想是火红色的，就像天空中太阳一样火辣辣；有人说梦想是绿色的，就像春天小草破土般生机勃勃；有人说梦想是蓝色的，就像天空和大海一样宽广无边。我说梦想是彩色的，比天边的彩虹更加夺目。那么青春是什么？一张白纸！一张任由梦想去绘画的纸。

年少的我，拥有的梦是绚丽多彩的。我幻想会长出一双翅膀与飞鸟拥抱，幻想潜进深海与游鱼共欢，甚至是坐上时光机与过去和未来来个偶遇。年少的我们总有不同而又奇葩逗趣的梦想，然而坚持到最后的却寥寥无几。

青春的梦多，也易碎，编织梦想的彩线斑斓陆离。你是不是也在某个雨天悲伤，悲叹水光潋滟晴方好，雨虽清澈不如阳？悲伤的情感一漫上心头连做梦的心情都没了。或是你在做梦时被一盆冷水浇醒。你是不是将梦想织成布匹却被现实剪碎？

但别放弃，因为青春还在。所有的梦都是需要接受考验的，只有不放弃，不回头，不迟疑，梦想才会成长成真。即使道路再坎坷，有荆棘，有风浪，我相信总有一条光明的大道出现。我就是这样，在梦

一次次破碎后，拾起玻璃碎片，用心去检查到底是哪处的瑕疵，捡起一片片的碎布，看看又是哪根的线条。一次又一次的改善，让梦蜕变成梦想，再由梦想成长成现实，我明白这当中道路的泥泞不平，但如果你肯坚持梦想总会实现的。因此别小瞧青春的力量，是它让你得以坚持。

所以请让青春的梦想充满挑战，只有这样才会让你看清哪些梦是该坚持的，是现实的，该放手的也别不舍，因为我们还有青春呢！

我向往这样一所中学

黄若珊

"珊珊啊，你马上就要升初中啦，我给你报了英语班、奥数班、作文班！另外，小提琴比赛就要开始了，你每天至少得练琴3小时！至少、必须得，知道吗？要好好学习，珍惜每一分每一秒。你去毕业旅行的那天我还得去你的中学替你拿暑假作业……"母上大人的喋喋不休如魔音绕耳，瞬时让我头脑一片空白——"啊"地尖叫一声，我趴在了桌上。

"喂喂！"恍惚中，我似乎来到了一个人声鼎沸的地方，周围有许多人在热切地交谈着，还有人贴着我的耳朵大声嚷嚷，"今天可是开学日呢，大家不要拥堵——新生这边请！"我的头顶似乎有一群乌鸦飞过——怎么就开学了？这时，我在心中默默祈祷着："希望这是一所学习氛围轻松无忧的中学，让同学们不要天天'乌云压顶'考考考！"不过我欣喜地发现这个担心完全是多余的，因为这里的人们根本看不见我，我飘浮在半空中，像一个隐形人一样，注视着这个陌生的环境。

我看到一位穿着制服佩戴着勋章的老生（可能是级长吧），在为懵懂的新生们指路，在好奇心的驱使下，我尾随着一位姑娘进入了她的宿舍，她与舍友们在干净的寝室里放好了行李，随即开启新的校园生活。

走进了有趣的课堂，我发现：这儿的课程中设置了许多动手实践的环节，所有的同学不必千篇一律、摇头晃脑地死读书本；课堂气氛风趣幽默，而不是死气沉沉。就拿妙趣横生的音乐课来说吧：音乐教室里摆满了各式各样的乐器，老师在妙语连珠地给同学们讲述乐器的历史，启发同学们即兴创作，记下他们脑洞大开写下的音符，摆在旁边的乐器自动飞到了半空中，将同学们的创作即时演奏出来，让他们亲身感受音乐与创作的魅力。更重要的是：在这儿，人人都有机会展示自我，就连一个满头卷发满脸雀斑个子矮小的害羞男生也在同学们的鼓励下敲起了铃鼓，每个人的脸上都洋溢着快乐的笑容。

最让我动心的，还是他们丰富多彩的课外活动。

每个星期天是八、九年级同学最自由的时候；他们被允许去隔壁的小村庄游玩。于是，在星期天，整个村庄都沸腾起来，所有的小路都被挤得水泄不通；糖果屋里陈列着琳琅满目的精美糖果；小酒馆里酒香四溢，灯光下各色饮料闪烁着迷人的光泽，招待们忙得不可开交。到了晚上，小伙伴们满载而归，包裹里鼓鼓囊囊地塞着的那些食物让身为吃货的我垂涎三尺。

当老生们出去游玩时，新生们可以静静地待在图书馆里阅读；可以在宁静的湖泊中划船；还可以在宽阔的草坪上踢球——啊，原来他们想要参加一年一度的运动会并打算一举夺冠；当然他们也可以在宿舍里懒洋洋地待着休息，因为星期天是同学们自己做主的日子。

在这所类似霍格沃茨的中学中，同学们都大展拳脚、享受他们精彩纷呈的校园生活，在动手实践中他们也同时开阔了视野、丰富了知识。

"喂喂，你在听吗？我刚刚讲了什么？"美梦戛然而止，我被母上大人的"狮吼功"拽回了现实。啊，原来这只是一场梦，但我的心中依然充满了兴奋与期待。也许，在我们这一代人的努力下，未来的孩子们，真的能够在这样的校园里快乐地学习生活呢！

那一次，我读懂了孝道

敖钰婷

一双筷子从我旁边忽然伸出，直指桌上一盘冒着热气的菜，我皱了皱眉。果然不出我所料，这双筷子迅速被截住，奶奶又开始絮叨起来："太奶奶先夹，别动筷子，这是孝道……"

筷子的主人是我的小表妹，只见她的脸皱成了一团。我似乎能从她的脸上读出满满的委屈和怨怼，但我又何尝没有这样过呢？之前的我和小表妹一样，也在这动筷子顺序上不止一次遭过责骂，但那一次却深深改变了我在此前的看法……

几个月前的一次家宴，桌上热气腾腾的饭菜冒着香气。所有的菜一上，都必然要先转过去请太奶奶吃第一口。对此，我颇有微词，现在又不是封建社会，谁先动筷子并不重要，何苦这样？但我的所有不服气都只能憋在心里，因为极注重孝道的奶奶一定会把我骂个半死，然后第一个动筷子的依然是太奶奶，我可不会自讨没趣。

所谓遵循孝道，就在太奶奶慢悠悠夹着第一筷子菜时进行着。等到这个烦人的程序一进行完，我就立刻跳起来用力夹了好几筷子，分明是在赌气。看着我的表弟表妹们有着与我相似的举动，我有些小小的得意。

一盘菜在桌上转了几圈，太奶奶都没有再动一次筷子。我一开始以为是这菜不对太奶奶胃口，后来却发现几乎每盘菜都重复着只被太奶奶吃过一口的命运。我有些疑惑。

直到过了一会儿，随着"咔"一声轻响，转盘卡住了，怎么也转不动。大人们都争着去鼓捣几下，我也过去凑热闹。忽然一个抬头，我看到太奶奶正急着夹她面前的菜，颤抖的手和枯瘦的手指似乎无法操控光滑的筷子，夹起的菜几次滑落，半天才吃到一口，我瞬间如同被大火包围，怔在了原地，羞愧、悔恨一时间扑面而来，心里五味杂陈。

太奶奶何尝不想痛痛快快地大口吃一顿呢？奶奶口中的孝道又何尝只是烦人的礼法？太奶奶行动不便的手，无法称心如意地操纵筷子，因而不敢频繁夹菜，而耽误我们吃饭的时间，孝道在这样的情况下，更是完美呈现了它对于老人来说多么重要。

那一次，我对遵循孝道再没有了怨言，因为它如同太阳，温暖着亲人的心。

我长大了，父母变了

杨博伦

父母是我们人生中首先要感谢的人。是他们给予了我们生命，养育了我们；是他们将我们送入知识的殿堂，教会我们如何独立面对生活；是他们让我们懂得做人、做事的道理……但随着年龄的增长，我发现爸爸妈妈都变了。

小时候，爸爸总是用他那大而有力的手将我高高举起，抱在怀里。他总是把我放在他的肩头，带着我去吃东西，带着我去游乐园玩，带着我去散步。还记得有一次，爸爸好心好意给我买了一桶爆米花。而我，因为闹脾气，故意把爆米花打翻了，爸爸不仅没有训斥我，还用十分温和的语气对我说："儿子，你想要吃什么？爸爸这就给你去买。"

小时候，妈妈是多么年轻美丽。她总是用那温柔动听的声音给我讲故事，唱摇篮曲哄我睡觉。记得有一次，我不小心把妈妈最喜爱的小瓷人打碎了。妈妈用树枝丫打了我一顿，其实并不痛。但妈妈打完后紧紧地抱着我，哭着说："妈妈错了，妈妈不该这样子打你，妈妈以后再也不打你了！"

但爸爸妈妈现在都变了。

现在，爸爸为了工作，为了挣钱养家糊口，已经很少有时间陪着

幸会，再见

我了。爸爸现在每一次回家，衣服、裤子、鞋子上多了一种东西——那小小的、白白的油漆点。"沧桑"这两个字好似写在了爸爸的脸上。他的皱纹变多了，更深了，那黑色的头发中隐隐约约地闪出一丝丝银光。爸爸的腰开始疼了，那双大而有力的手也再也没有力气抱我了。

妈妈不再年轻了，脸上以前那红里透粉的皮肤变成了完完全全的苍白，还多了一两条皱纹，声音也不再像以往那样温柔动听了。她似乎总是为我而生活得很紧张：考了一次好成绩，比我更高兴、更自豪的人是妈妈，我的成绩下滑了，比我更提心吊胆的不是别人，而是妈妈。

是谁夺走了爸爸妈妈们的青春年华？是时间吗？不是。是别人吗？不是。是我们。天下的父母都是无私的，而天下的孩子都是自私的。当我发现这一点以后，我不再抱怨爸爸妈妈的变化：不再抱怨妈妈做饭不好吃，不再抱怨爸爸不陪我去玩，不再抱怨爸爸妈妈让我辛苦学习……我愿意与他们一起变化，用我的成长，让他们生活在幸福中。

我们是一家人

陆思远

家人，意味着无私的包容和谅解，意味着感动和成长。看着陪伴我的家人，我忍不住感叹："有家人真好！"

记忆的齿轮转回到了三年前的国庆小长假，我与爸爸妈妈一起回老家仙游看望爷爷奶奶。临别前最后一顿饭，奶奶给我煮了我最爱吃的麻辣火锅。火锅"咕噜咕噜"地冒着热气，正好天气有点冷，香味十分诱人，令我迫不及待地想饱餐一顿。

　　我抄起筷子，伸到锅里就是一通乱夹，夹得锅里一片浑浊。当我好不容易夹到一块羊肉，正准备往嘴里送时，一双筷子突然出现，挡住了我正夹起的羊肉。我有点生气地顺着筷子往上看，原来是妈妈。

　　我那时大概气急了，居然大声地问妈妈："你为什么不让我吃？"妈妈耐心地说："妈妈以前跟你说过什么，爷爷奶奶年纪大，吃的机会不多，你年纪小，以后有的是机会吃啊！"那时我还小，不懂事，急得快要哭出来。奶奶在一旁说："孙子，你先吃，爷爷奶奶不爱吃这个。"我听完一把撞开妈妈的筷子，把羊肉送入了嘴里。一瞬间，一股迷人的辣从嘴里流到心里，令人浑身温暖了起来。吃完，我还向妈妈摆出胜利的手势。妈妈生气地瞪着我，欲言又止。

　　火锅吃完了，只剩下残羹冷炙，乱七八糟地摆在盘子里。爸爸一直劝爷爷奶奶不要吃了，爷爷奶奶嘴里答应着，趁我们不注意，拿起筷子吃起来。我的心突然难受起来，想到之前的行为，我愧疚了。怎么办呢？我想了许久，向爸爸妈妈提出，还想在老家再多待一天，为爷爷奶奶做点事情，爸爸妈妈高兴地答应了我。

　　第二天一大早，吃完早饭，我就跟着爸爸妈妈到菜市场采购了许多爷爷奶奶爱吃的菜。趁着爷爷奶奶外出，我们一家三口就开始在厨房忙活起来。妈妈和我负责洗菜，爸爸负责做菜。一个上午过去了，爷爷奶奶回来了。奶奶匆匆忙忙地说："乖孙子，奶奶买了你最爱吃的烤鸡，等会热了给你吃。"当奶奶来到厨房，一下子愣住了。厨房的桌子上摆满了他们爱吃的菜。我自告奋勇把菜端到客厅的餐桌上，并且把筷子和碗递到爷爷奶奶手里，开心地帮他们夹起了菜。爷爷手足无措，站起来又坐下，让我觉得十分开心。爸爸把好吃的菜夹给爷爷奶奶，爷爷奶奶又把好吃的菜夹给我，一家人吃得不亦乐乎。

家人，应该相互体谅和尊重，应该互相包容和体贴。我们是相亲相爱的一家人，在人生路上，我们会相扶相携，一起走过！

记忆中的那颗星

黄夕瑶

美好的记忆中，蕴含着欢笑；痛苦的记忆中，蕴含着泪水。你是否还记得，那些在我心里从未忘却的往事？

从小，我就特别喜欢星星，如果说月亮中住着嫦娥、玉兔，那么我曾想象，星星中就有我们所憧憬的美好未来。也因此，我便拥有属于自己的星星——妈妈送我的星星抱枕，陪着我成长。

从上幼儿园起，作业便伴随着我，打扫卫生、读书、画画，这些作业弄得我很烦躁不安，常常做到一半就放弃。那天，我兴奋地跑回家，放下书包，冲进房间，迫不及待地拿出我最喜爱的《安徒生童话》看。看着，看着，我睡着了。突然，妈妈走了进来，大喊："再不起来，星星就要飞走啦！"睡梦中的我被这句话惊醒了，立马像受惊的小兔一般，从床上蹦了起来。"什么？不能飞走！"我大喊，连忙抱起床上的星星抱枕，低声说道："星星呀，你不能离开我呀！离开了我，我就没有那份坚持下去的信心了！"有了星星，才使我变得有干劲儿，变得有坚持。

那年暑假，妈妈带我去大草原玩，当然，我还是带上了星星。

傍晚，当太阳要落山时，天气冷了起来，我们也从草原顶端向下走。"呼呼"，大风正猛烈地刮着，我不禁戴上帽子，小步向前，"太艰难了，太冷了，我不走了！"我试着放弃，蹲在地上，妈妈看见了，严肃地对我说："大家都走了，你待在这里也不会有人陪你呀，赶紧走吧，勇敢点！走出草原就不冷了！"眼看着大人越走越远，我感到十分孤独，怎么办，我好害怕。我低下头，把脖子上的星星小心地捧了起来，星星闪烁着光芒，眨着眼睛，好像在对我说话："听妈妈的话，勇敢点，不能放弃，要勇往直前！"听了星星的话，我鼓足勇气，迈开大步赶上了妈妈，终于走出了草原。

一直以来，我以为是星星陪着我，我才能这样顺利地成长。可是那次参加夏令营，我虽然带上了星星抱枕，却还是觉得孤单害怕，直到妈妈的电话打来。听到妈妈熟悉的声音、亲切的叮咛，我的心安定下来，再抱着星星抱枕，就什么也不害怕了。我忽然明白：其实，妈妈才是我的星星。是她严格地要求我，让我成才；是她细心地关爱我，让我无忧。是的，我的星星，是我的妈妈。

记忆中的那颗星，在快乐时，给予我欢笑；在难过时，给予我安慰；在我想要放弃时，鼓励我坚持下去……妈妈，谢谢您！

美丽的日出

黄权耀

早上，我和我的妈妈一起去宁化的山上看日出。

凌晨五点，太阳还没有升起，周围寂静得针落可闻。夜色朦胧，但一丝调皮的鱼肚白仿佛在与夜空争艳。不时，有几只鸟儿从我的眼前慢慢飞过，让我十分期待太阳升起来时美丽。于是，我目不转睛地盯着东边的天空。

　　说时迟那时快，一抹淡淡的红色悄悄地染上了东方的天际，太阳出来了。它露出了一小半边脸，有着玫瑰色的小圆顶。红霞正慢慢地扩散，我睁大眼睛，它先是红彤彤的，像是身上负着重担，一纵一纵地跳上来。不久，太阳升上了天空。它又变成橘黄色的了，它似乎是聚集了一晚上的力量，才跳出了宁化的山。

　　它升起来的时候，一开始像一个小圆团似的，后来又变成一个车轮大小，最后变成庞大的火团，连颜色也变成金灿灿的了。周围还有许多光环与红晕环绕，绚丽无比，让我与妈妈惊叹不已。

　　一刹那，夺目的亮光，射得人眼睛发痛。而后，它躲进云彩，仿佛与我们捉迷藏似的。透过云彩，我仿佛看见它在挣扎。一小会儿，它突出重围，挂在天上，瞬间，地上变得火热了，感觉它主宰了整个世界。

　　太阳有一尺高了，阳光十分灿烂，普照大地。地上也变得热闹起来，田间开始有了农民伯伯的足迹，各式各样的车也出门了，载着它的主人开始了新的生活。

家乡的秋

林声悦

我的家乡在江南，那儿的四季不如北方的分明，似乎只有严冬和热夏，春与秋似乎只是一个配角，匆匆地，如一个投宿的旅人，刚停下脚步，休憩片刻，又开始了下一段旅程。

秋风送爽，仿佛吹去了所有烦恼与不适。初秋，阳光还没有寒冷的意思，带来的仍是暖融融。清晨，你若是早些起床，便能嗅到初秋的气息。虽说那树叶子仍翠绿得如夏天一般，但这西风仍时时刻刻地在你耳边低诉：秋天已经来了！清晨的阳光钻进一缕秋风，倒是异样的舒适。秋风可爽快，不等你开口就送你一身爽快，浑身的毛孔都打开了，大口大口贪婪地呼吸着。

秋风吹干了叶。叶子干了、黄了、卷了，一阵秋风，那叶子就纷纷打着旋儿，跳舞似的最后纷纷躺到地上，懒懒的，就等着秋风把他们带到别处去。秋叶一起，便为道路穿上了一层金衣。每当这时，就有那可爱童真的孩子，"啪嗒啪嗒"地跑起来，看准那又干又脆的落叶一踩，发出嚓嚓的、秋叶碎成碎片的声音——这时已是深秋了。

秋雨是可喜的，它冲刷了一切生灵，把一切清理得清清爽爽、干干净净的，听啊，是不是秋雨来了？淅沥淅沥，脚步近了。一滴、两滴……滴滴清凉撒在空气中。空气微微湿润，呼吸起来都能闻到一股子野味儿——泥土的香。

这就是江南的秋天。秋风最先到来，秋叶姗姗来迟，秋雨则时不时拜访，营造出一片湿情。秋，不过短短两个月，当你开始深情地怀念秋天时，她早已走远了。

桃花仙谷

罗　敏

每当想起那流经山谷的清泉，那普照地面的阳光，那温馨花草的大地。就禁不住想起我的故乡——那散发着淡淡清香的"桃花仙谷"。

五月正是桃花盛开的季节，在一座座傍水的山上，开着一片片娇艳欲滴的桃花。粉里透红的花团，像一片片火烧云，是那样晶莹，那样迷人。散发着一阵阵仙气的桃花谷被人们称为"桃花仙谷"。我们居住的村子就在这山谷的半山腰。那密密层层的桃花谷，宛如一片朝霞，如海如潮，近赏俏丽妩媚，染着富饶的春之山河。

桃花开了，满园里姹紫嫣红，远远望去，似乎天上落下了一大片朝霞。桃花散发的阵阵清香，那么沁人心脾，整个村子里的人都浸在桃花的香气里。农民们闻着淡淡的桃花味似乎不再那么辛苦；鸟儿闻到这淡淡的桃花味鸣叫声更亮了；小朋友们闻到这淡淡的桃花味笑声更加甜蜜。我与小伙伴们会轻轻地摘下两朵最好看的桃花插在自己的头上，或者拿着一两朵最香的桃花使劲儿地用手搓，把搓落的桃花瓣洒在自己身上散发着淡淡的清香。

在睡梦中有时难免也会梦到自己躺在桃花地上打着滚儿，脸上便露出天真的笑容。

"桃花仙谷"的景色永远是这么美，无论过去多少年，它仍存在人们的心里。

我爱家乡的肉燕

高澜菲

我家乡的饮食文化历史悠久，源远流长，具有浓郁的地方特色。特别是这里的风味小吃，品种繁多，有鱼丸、扁肉燕、蛎饼、光饼、锅边糊等。其中，我最喜欢吃的要数肉燕了。

肉燕长得和馄饨差不多，但是它的皮很特别，是肉做的。肉燕的皮是用猪后腿瘦肉，切成细条，用木槌捶打成肉泥，再加上薯粉和适量的清水，反复搅拌，最后压匀放在条板上，碾压成薄片，再折叠晾干就成了燕皮。

在福州的三坊七巷有一家"同利肉燕老铺"，是有着一百二十多年历史的老字号了，来福州的游客都会特意到三坊七巷吃一碗同利肉燕。一次，我和妈妈一起逛三坊七巷，看到来同利吃肉燕的客人络绎不绝，店门口围着一群人，很热闹的样子。我们走上前才发现原来是同利肉燕的师傅在向人们展示燕皮的制作方法，只见他穿着一身旧式长袍，手拿一个大木槌，抡起木槌朝大砧板上的肉锤打着，一下一下地很有力，也很有节奏，每隔一会儿就会将肉翻一面继续锤打。

　　看过打燕皮，我和妈妈又进店买了一碗肉燕吃。同利肉燕有着"百吃不厌"的称号，燕皮包上肉馅蒸过之后，放入熬好的骨头汤里煮开，再加一点醋，洒上葱花，一碗热气腾腾、香气扑鼻的肉燕就做好了。咬一口肉燕，脆脆滑滑又弹性十足，那滋味真是让人回味无穷啊！

　　我最喜欢外婆包的肉燕的味道。每当生病时没有食欲，我就会特别想念外婆做的肉燕，而外婆总会亲手煮好肉燕不辞辛苦地送来给我吃，那一个个包裹着爱心的肉燕让我舍不得一口吞下。

　　福州人逢年过节都会用肉燕和蛋煮一碗"太平燕"，吃了代表着一年都会平安顺利。我爱家乡的肉燕，不管以后到了哪里，我都不会忘记家乡的味道。

焦　　点

陈含烁

　　期末，大家都处在紧张的复习阶段，努力备战期末考试。可正当这时，意外却降临在我的头上，我的右脚骨折了。这个意外让我只能拄拐行动，可我不希望自己的成绩一落千丈，于是，我只好拄拐上学。

　　背上书包，我坐上妈妈的电动车。一路上瑟瑟的秋风不停地刮在我脸上，两旁翠绿的植被这时也显得阴沉，豆大的雨珠疯狂地袭击我的头发，我只觉得心里冰凉：虽然拄拐上学是我自己的决定，可是那奇怪的姿态一定会成为别人嘲笑的焦点呢！

　　进了校门，我拄着拐，艰难而胆怯地走着，另一只手勉强撑着伞，只觉得自己孤单可怜。我知道自己已经成了焦点，所有人的目光都投向我，甚至觉得同学们的交谈也是关于我的，他们一定都觉得我这么狼狈很好笑吧？就在我心情已跌落到谷底时，打到脸上的冰冷雨滴忽然少了，一个熟悉的身影脱下我沉重的书包，扛在自己的肩膀上；又有一只手高高撑起雨伞，帮我遮蔽风雨；一声温暖的问候在我的耳边响起："你怎么样？要不要我们背你？"……啊，是我的同学们，还有其他班的不认识的同学。我心底忽然燃起温暖的希望，那是一种无法形容的喜悦的味道：原来那些目光不是嘲笑，而是关怀；那些交谈不是讥讽，而是关切；那些毫不犹豫伸出的手，不是为了捉弄，而是真诚的帮助。我看着他们，只觉得像是家人一般。

　　我拄着拐杖，和他们一起走，不再觉得自己尴尬可怜，而是觉得温暖幸福。当我来到教室，原来喧闹的声音全转化为慰问我的话语，这时，虽然我又成了焦点，但我却觉得有家一般的温暖。

　　原来，一个温馨的集体，能让成为焦点的感觉，变得如此美好！

窗　外

林家齐

　　我的家坐落在校园之内，无论是天刚蒙蒙亮，还是漆黑漫上天幕，只要在我的书桌前拉开窗帘，经常能看见一群群奔波在上下学路途中的学子，他们与这校园组成了一幅美丽的画卷。

　　清晨，伴随着窗外此起彼伏的鸟鸣声，我挣扎着揉揉还在蒙眬着的双眼，拉开窗帘，一缕阳光从窗外射进，令人心旷神怡。

　　窗外的世界早已苏醒：树上的鸟儿都集中在了电线上，构成了一行美丽的五线谱。教学楼旁，那些早就到达学校的高中值日生已经在草丛里、水泥路边忙碌着了。而正赶往教学楼的学生，步伐自然是轻松而悠闲的，全然没有值日生们的紧张气氛。紧接着便是骑着车的老师了，他们往往是在一个时间段内陆续来到学校。在这之后，校园便渐渐安静下来。

　　夜晚的校园，则又是一番风景。夜幕降临，窗外的黑暗被教学楼的灯光所占据。此时，校园进入一天中最宁静的时段，静心聆听，隐约能够听见教学楼那儿还会传来"老师您好"的声音，那是上晚自习的高年级。

　　放眼望去，每栋楼顶上都围着一圈彩灯，只要一点亮，一条连接一栋栋楼的长灯管便如一条发光的丝带，在黑夜中闪着耀眼的光芒。透过两栋楼间的间隙，可以看见一棵挂满绿色灯管的大树在校园正中央挺立着。它们为这个校园增添了许多生机。

　　这就是我们家窗外平凡而又美丽的窗景。或许平凡，然而每一天都有不一样的风景；只有细心，才能读懂它的美丽。

一抹淡淡的微笑

廖雪瑶

她，扬起一抹淡淡的微笑，使我的脑海中涌起许多关于她的记忆……她是宽容可爱的，我的语文老师，可敬的好老师——肖老师。

肖老师总是长发飘飘，略微瘦小的身躯不论穿裙子还是裤子都一样好看。但最美的还是那一抹淡淡的微笑，那笑能漾起水面上的波浪，使人心情舒畅。她笑时，脸颊上那浅浅的酒窝若隐若现，眼睛里闪过一丝灵光，就连窃窃私语的杨柳都听话起来——散开了。当一缕清风吹过，撩起一丝秀发，散乱地飘在嘴边，那隐约浮现中的微笑更神奇了。

"零零零！"晨风夹着露水，送来了清脆的上课铃声。"肖老师来了！"不知是谁大胆而又害怕地喊了一嗓子，我们用最快的速度坐好，大声地朗读起来。只见肖老师缓缓地踏入课堂。"上课！"肖老师清亮的声音响起。"起立！"班长一着急，扯着嗓子尖叫道。"哈哈……"同学们一听哄堂大笑起来，同时也稀稀拉拉地站起来。而我并没有笑，我在担心：这样没纪律，肖老师会不会生气了？她会发火吗？会罚抄课文吗？忐忑中我悄悄地观察着老师的神情。肖老师显得那样淡定，脸上扬起淡淡的微笑，略微严肃的目光扫过全班，仿佛告诉我们：这样的行为不好哦！虽然那微笑转瞬即逝，但被我捕捉到了，我相信肖老师没有生气，因为对我们，她是最宽容的。不出所料，"同学们好！"问候声随之响起。"老师您好！"恭恭敬敬地回答，再也没有一丝嘻嘻哈哈。

"今天我们继续学习……"一节课就这样拉开了序幕，因为上课前的那段插曲，令我时不时地回想，所以当同学们在认真听课时，我却走神了。"喂，老师在看你！"同桌轻轻地拍了我一下。我一惊，抬头望向老师时，看到的不是严肃的神情，而是那温柔的微笑，那微笑告诉我：上课要专心！我立马坐好，肖老师便拿起粉笔，转过身去在黑板上"沙沙"地写起来……

一抹淡淡的微笑，是我对肖老师记忆的烙印，也是她的特殊符号。无论走到天涯海角，只要想起那淡淡的微笑，我会提醒自己，要宽容，要专心。

神通广大的"钱大大"

许琳煊

我们班的班主任，就像给我们班排兵布阵的"军师"，她神机妙算，神通广大，她甚至能够像预言家一样预测未来一些神奇的事情。她是谁呢？她就是我们班的"钱大大"！

她个子不高，总是把卷曲的头发梳得低低的，眼睛挺大，鼻梁很高，一排雪白的牙齿整齐如一，笑的时候能露出八颗牙齿！她声音虽然有些沙哑，但是激动的时候，总是努力把声音放大，把音调升高！

她身材修长，喜欢穿背带裙，而且改作业的时候经常会把红笔的笔帽夹在头上当发卡，十分激动！

她神通广大，总能预测到出卷老师会出什么样的题目。在单元小结的那堂课上，预言家又开始发表她的预言了。只见她睁大了眼睛，双脚微微分开，挺直了腰板，提了一提"小蜜蜂"。一手拿着语文书，一手拿着红笔，眉毛"一飞"，开始发表重要言论："注意，把这一段话划下来，以我担任五六年级语文老师的经验，这种题目是必考的，回去复习一定要背诵。"说话之间，有一个同学弹了一下笔帽。钱老师说道："是谁，我觉得是从什么地方传来的！"果然不错，"钱大大"全面发展的听力绝对没问题。

等到了讲考卷的那一天，"钱大大"生气极了，她双脚张开，一手拿着考卷，说道："你们看看，我都跟你们说了要背，这种题目我都说了肯定会考，你看，考到了吧！我真想去食堂拿一口缸，做什么呢？吐血！""钱大大"那洪水般的提示语向我们涌来。我们都在心里暗暗称赞，您不愧是我们神通广大的"钱大大"。

这就是我们班的军师，她神通广大，已经陪了我们一年了，希望她能陪我们到六年级！

守

牛　露

"那小公园要拆掉了。"初冬的一晚，母亲晚饭时说。

"为什么要拆?"我诧异。

"老了,旧了吧。"

想来,那公园也的确是老了。听余守土说,他尚能吃三碗饭的时候,这公园就已经像现在这么老旧了。

余守土能吃三碗饭的时候,我还没有出生。母亲初嫁到这里,第一次来这小公园就被他吓了一惊。她说从未见过这般丑的人:瘦刀条脸,塌鼻阔口鼠目。后背驼起一个脑袋般大小的锅儿。他是公园里的看门人,又常在园中一排柳树下摆个杂货摊子,兼买些书报,见了人总是梗起脊子咧开嘴笑,露出一个黑洞洞的牙豁儿。

我料想那时母亲也忒儿胆小了。我见了余守土就不怕。

"你说你年轻能吃三碗干饭,那你现在能吃多少?"我把余守土递过来的泡泡糖塞进嘴里然后说。

"现在?只能吃一碗半喽!"余驼子的慨叹有些"廉颇老矣"的味道。

"一碗半也不少了,你每天啥也不做,就在这里坐着看门,够了。"

"谁说我啥也不做?"

"那你在这儿做啥了?"

"守着。"

"守着啥?"

"不能说。吓着你。"

"神经!"

我努力吹了几下泡泡,没吹起,便一面笑话余守土卖我假冒伪劣产品,一面把书包交给他看着,径自去和小姐妹们玩去了。待天将擦黑,母亲下班来到园子里喊我吃饭,我才在他那里取了书包回家。想来这已是七八年前的事情了。

我下学特意到公园去看余守土。初冬微寒,园中一排柳树叶子

却没落尽。他佝偻着背，吃力地拖着一柄大扫帚，边挪边扫，一寸一寸。或有风卷来，柳叶又落得满地，他也不烦恼，只重新再扫。我想先把书包放下，四下却没寻到他的摊子，就走过去问："余驼……余守土，你没出摊子？"

余守土挺起脖颈，一看是我，笑开了，说："好些日子不见了，大姑娘了啊，好看好看。这是去哪里呀？"

"我路过，来看看你，你咋没出摊子？"

"唉，你还不知晓啊，这两日闹着拆园子，我也没心思出摊子，打扫打扫。"

"我也听说了，所以来看看你，园子拆了你要去哪里呢？"

"我？不知道，没处去。唉！"余守土的叹气声又深又重，我听了心里不是滋味。

"也许不拆了呢。"我想安慰他几句，憋了半天，憋出这么句假话。

"说是已经卖了，要拆了盖楼。唉！又盖楼，全成楼了！连个透气儿的地方都没了！唉！"余守土拄着扫帚狠狠杵了杵地。

我抬头看看四面环峙的入云高楼，没说话。

余守土撇下扫帚，在门房打了一盆水，洗了抹布来擦柳树下的长椅。我也寻了抹布要帮他擦，只是手一沾水便觉得刺骨。他看着我笑了，接过抹布说，"心领了，这是我的活儿，得我来，非得我来。"说完，他又细细地擦抹起来，一寸一寸。

又过了许多日，一天晚饭上，母亲说："余驼子今天下午跪在公园门口挡着施工队，不想让拆园子，后来施工队没办法就撤回去了。这个余驼子，不知他要干吗？"

我没说话，想象着余守土跪着的样子，觉得他可怜。

又过了许多日，晚饭时，母亲说："听说余驼子找到区长，掏出一个存折拍在桌子上，说，园子拆不得，我十万块买园子。区长哭笑

不得，劝他回去。他不回，哭闹起来，被保安架出来了撇在当街。他又跪在大门口哭喊，说什么守园子是他的责任，拆园子除非他死了之类的话。真看不出，余驼子竟然有十万。"

我没说话，想象着余守土跪在地上大哭的样子，越发觉得他可怜。

隔日，我去公园找他，却只见到长椅上一层灰土。

春来日暖，施工队来拆公园的时候，从十一棵柳树下起出十一杆包裹着油布的损坏的老式步枪，油布上都别着一枚二等功勋章，并写着几行字，有些尚能看清："中国人民解放军4589部队排长张成安，安徽安庆人，生年不详，卒于1949年6月13日……"

这时卖糖葫芦的王老头才想起，有一次余驼子同他喝酒时说起过：解放太原时他是兵蛋子。一场战斗，他所在的排奉命炸这里的暗堡。排长嫌他又瘦又驼，留他在后面看物资，自己和十个兄弟冲上去。轰一声，战友们和暗堡一起上了天，独活了他一个。仗打完了，他在这里埋了11条枪，算是安葬了战友。他怕兄弟们没人照看，就守在这里陪着。当时乱，没有墓碑，余守土就为每名战士种了一棵柳树。而今这柳树已经一抱粗了。

如今，柳絮又飞起了，园子不再拆了，还立了碑。只是树下的长椅总积着厚厚的灰土，不知余守土去哪里了。